16	3	2	13
5	10	11	8
9	6	7	12
4	15	14	1

*Cet ouvrage, publié dans le cadre du Programme d'Aide à la Publication 2010
Carlos Drummond de Andrade de la Médiathèque de la Maison de France,
bénéficie du soutien du Ministère français des Affaires Etrangères et Européennes.*

Este livro, publicado no âmbito do Programa de Apoio à Publicações 2010
Carlos Drummond de Andrade da Mediateca da Maison de France,
contou com o apoio do Ministério francês das Relações Exteriores e Europeias.

coleção TRANS

François Zourabichvili

DELEUZE: UMA FILOSOFIA DO ACONTECIMENTO

Tradução e prefácio
Luiz B. L. Orlandi

editora∎34

EDITORA 34

Editora 34 Ltda.
Rua Hungria, 592 Jardim Europa CEP 01455-000
São Paulo - SP Brasil Tel/Fax (11) 3811-6777 www.editora34.com.br

Copyright © Editora 34 Ltda. (edição brasileira), 2016
Deleuze: une philosophie de l'événement
© Presses Universitaires de France, 2004

A FOTOCÓPIA DE QUALQUER FOLHA DESTE LIVRO É ILEGAL E CONFIGURA UMA
APROPRIAÇÃO INDEVIDA DOS DIREITOS INTELECTUAIS E PATRIMONIAIS DO AUTOR.

Título original:
Deleuze: une philosophie de l'événement

Capa, projeto gráfico e editoração eletrônica:
Bracher & Malta Produção Gráfica

Revisão:
Alberto Martins, Camila Boldrini

1ª Edição - 2016 (1ª Reimpressão - 2020)

CIP - Brasil. Catalogação-na-Fonte
(Sindicato Nacional dos Editores de Livros, RJ, Brasil)

Z811d
Zourabichvili, François, 1965-2006
  Deleuze: uma filosofia do acontecimento /
François Zourabichvili; tradução e prefácio de
Luiz B. L. Orlandi. — São Paulo: Editora 34, 2016
(1ª Edição).
  160 p. (Coleção TRANS)

  ISBN 978-85-7326-625-2

  Tradução de: Deleuze: une philosophie de l'événement

  1. Filosofia francesa. 2. Gilles Deleuze,
1925-1995. I. Orlandi, Luiz B. L. II. Título. III. Série.

CDD - 190

DELEUZE:
UMA FILOSOFIA DO ACONTECIMENTO

Abreviações 7
Prefácio, *Luiz B. L. Orlandi* 9
Sobre esta tradução 23

Introdução: O ontológico e o transcendental 25

Prólogo 35
I. O pensamento e seu fora
   (crítica da imagem dogmática) 37
II. Encontro, signo, afeto 51
III. Imanência 77
IV. Tempo e implicação 99
V. Devir 121
Conclusão 153

Índice remissivo 155
Índice das matérias 157
Sobre o autor 158
Sobre o tradutor 159

ABREVIAÇÕES
[4]

Estão arroladas abaixo, em ordem alfabética, apenas as obras de Gilles Deleuze, com ou sem a colaboração de outros autores, explicitamente mencionadas neste livro. Àquelas citadas no corpo do livro correspondem abreviações, seguidas do número da página.

AOE — *Capitalisme et schizophrénie*, t. 1, *L'anti-Oedipe* (com Félix Guattari), Paris, Minuit, 1972 [*O anti-Édipo*, tr. br. de Luiz B. L. Orlandi, São Paulo, Editora 34, 2010; 2ª ed., 2011].

B — *Le Bergsonisme*, Paris, PUF, 1966 [*Bergsonismo*, tr. br. de Luiz B. L. Orlandi, São Paulo, Editora 34, 1999; 2ª ed., 2012].

CC — *Critique et clinique*, Paris, Minuit, 1993 [*Crítica e clínica*, tr. br. de Peter Pál Pelbart, São Paulo, Editora 34, 1997; 2ª ed., 2011].

D — *Dialogues* (com Claire Parnet), Paris, Flammarion, 1977 [*Diálogos* (com Claire Parnet), tr. br. de Eloisa de Araújo Ribeiro, São Paulo, Escuta, 1998].

DR — *Différence et répétition*, Paris, PUF, 1968 [*Diferença e repetição*, tr. br. de Luiz B. L. Orlandi e Roberto Machado, Rio de Janeiro, Graal, 1988; 2ª ed., 2006].

E — *L'Épuisé*, in Samuel Beckett, *Quad*, Paris, Minuit, 1992 [*O esgotado*, tr. br. de Ovídio de Abreu e Roberto Machado, Rio de Janeiro, Zahar, 2010].

ES — *Empirisme et subjectivité*, Paris, PUF, 1953 [*Empirismo e subjetividade*, tr. br. de Luiz B. L. Orlandi, São Paulo, Editora 34, 2001; 2ª ed., 2012].

F — *Foucault*, Paris, Minuit, 1986 [*Foucault*, tr. br. de Claudia Sant'Anna Martins, São Paulo, Brasiliense, 1988].

FB-LS — *Francis Bacon. Logique de la sensation*, Paris, La Différence, vols. I e II, 1984 [*Francis Bacon. Lógica da sensação* (vol. I), vários tradutores, Rio de Janeiro, Zahar, 2007].

IM — *Cinéma 1. L'image-mouvement*, Paris, Minuit, 1983 [*Cinema 1. A imagem-movimento*, tr. br. de Stella Senra, São Paulo, Brasiliense, 1985].

IT — *Cinéma 2. L'image-temps*, Paris, Minuit, 1985 [*Cinema 2. A imagem-tempo*, tr. br. de Eloisa de Araújo Ribeiro, São Paulo, Brasiliense, 1990].

LS — *Logique du sens*, Paris, Minuit, 1969 [*Lógica do sentido*, tr. br. de Luiz Roberto Salinas Fortes, São Paulo, Perspectiva, 1982].

MP — *Capitalisme et schizophrénie*, t. 2. [*Mille plateaux* (escrito com Félix Guattari), Paris, Minuit, 1980 [*Mil platôs*, tr. br. em 5 volumes, vários tradutores, Rio de Janeiro/São Paulo, Editora 34, 1995-1997].

N — *Nietzsche*, Paris, PUF, 1965 [*Nietzsche*, tr. port. de Alberto Campos, Lisboa, Edições 70, 1981].

NPh — *Nietzsche et la philosophie*, Paris, PUF, 1962 [*Nietzsche e a filosofia*, tr. br. de Ruth Joffily Dias e Edmundo Fernandes Dias, Rio de Janeiro, Editora Rio, 1976].

P — *Pourparlers*, Paris, Minuit, 1990 [*Conversações (1972-1990)*, tr. br. de Peter Pál Pelbart, São Paulo, Editora 34, 1992; 3ª ed., 2013].

Pli — *Le Pli. Leibniz et le baroque*, Paris, Minuit, 1988 [*A dobra. Leibniz e o barroco*, tr. br. de Luiz B. L. Orlandi, Campinas, Papirus, 1991; 2ª ed., 2000].

PS — *Proust et les signes*, Paris, PUF, 1964 (citamos a edição ampliada de 1970) [*Proust e os signos*, tr. br. da 4ª ed. fr., de 1970, de Antonio Piquet e Roberto Machado, Rio de Janeiro, Forense Universitária, 1987].

PSM — *Présentation de Sacher-Masoch*, Paris, Minuit, 1967 [*Apresentação de Sacher-Masoch*, tr. br. de Jorge de Bastos, Rio de Janeiro, Taurus, 1983].

PV — *Périclès et Verdi. La philosophie de François Châtelet*, Paris, Minuit, 1988 [*Péricles e Verdi. A filosofia de François Châtelet*, tr. br. de Hortência S. Lencastre, Rio de Janeiro, Pazulin, 1999].

QPh? — *Qu'est-ce que la philosophie?* (com Félix Guattari), Paris, Minuit, 1991 [*O que é a filosofia?*, tr. br. de Bento Prado Jr. e Alberto Alonso Muñoz, São Paulo, Editora 34, 1992; 3ª ed., 2010].

S — *Superpositions* (com Carmelo Bene), Paris, Minuit, 1979 [*Um manifesto de menos (a respeito da obra de Carmelo Bene)*, tr. br. de Fátima Saadi, Rio de Janeiro, Zahar, 2010].

SPE — *Spinoza et le problème de l'expression*, Paris, Minuit, 1968 [*Espinosa e o problema da expressão*, tr. bras. de Luiz B. L. Orlandi, São Paulo, Editora 34, 2016].

SPP — *Spinoza. Philosophie pratique*, Paris, Minuit, 1981 [*Espinosa. Filosofia prática*, tr. br. de Daniel Lins e Fabien Pascal Lins, São Paulo, Escuta, 2002].

Prefácio
ELOGIO AO PENSAMENTO NECESSÁRIO

Luiz B. L. Orlandi

Esta obra de François Zourabichvili (1965-2006) — *Deleuze: uma filosofia do acontecimento* — é um livro de excelência em determinada linha dos estudos filosóficos contemporâneos. Excelente sob vários aspectos. Primeiro, ele pode ser lido como manual para quem já leu ou voltará a ler este ou aquele texto que Gilles Deleuze escreveu sozinho ou em companhia de outros, como Félix Guattari, por exemplo. Sabe-se que a palavra "manual" nem sempre sugere a boa qualidade de um livro. Às vezes, é empregada pejorativamente, mas não aqui. É certo que o livro, numa das suas poucas autorreferências, não se apresenta como manual, mas como "guia". Acontece que a mera distinção lexical nada quer dizer, mesmo porque os dicionários praticam permutações dos dois termos, cada qual podendo aparecer no revestimento sinonímico do outro. O importante, no caso atual, é verificar em que sentido o livro é apresentado como guia. Um guia muito sutil, aliás. Com efeito, por um lado, o autor explicita a dificuldade de sua aventura: a de quem "propõe um itinerário" destinado a transitar por complexas ordenações conceituais e sugere um mapeamento para a frequentação de uma "estranha filosofia" — estranha porque plena de "nomadismo", sempre imersa "num elemento variável, inseparavelmente ético, estético e político". Por outro lado, longe de se insinuar como exploração suficientemente exaustiva, essa caminhada se apresenta como "auxiliar de leitura ou exercício lógico adjacente", adjacente à filosofia pela qual transita, o que faz desse percurso uma experimentação que o leitor pode retomar, reformar ou propor variações por conta própria, inspirado também, é claro, pela consistente articulação entre arrojo e dedicação à pesquisa *[13]*.[1] Resumindo: estamos diante de um competente livro consagrado a obras de Deleuze. É que ele pode ser útil aos não iniciados, principalmente porque não escamoteia complexidades próprias desse pensamento. Mas é também útil a estudiosos dessa filosofia, pois sua abertura a variações pode afetar sedimentados pontos de vista e fazer sentir novamente o quanto é bom ser ainda surpreendido.

Em segundo lugar, a excelência do livro é notável na perspicácia que o elabora. Ela é perceptível enquanto efeito do vigor com que um vasto e fecundo leque de informações vai armando, a propósito da ideia de acontecimento [*événement*], uma rigorosa apreensão do modo como Deleuze inova o filosofar. Quem não tenha lido algum escrito de Zourabichvili,[2] ou não tenha frequentado algum dos seus cursos dados na França nem ouvido alguma de suas conferências proferidas no Brasil, tem a oportunidade de notar, na leitura de agora, o quanto essa perspicácia é conduzida pelo afiado estilo com que este livro expressa o pensamento deleuziano como "filosofia em devir" *[9]*. Estilo afiado? Sim. Considerando que estilo, como lembra o próprio autor, implica "fendas rítmicas"[3] *[112]* que vão disjuntando e juntando proposições, o

---

[1] Indico entre colchetes a paginação do livro de Zourabichvili: *Deleuze: une philosophie de l'événement*, 2ª edição publicada em François Zourabichvili, Anne Sauvagnargues e Paola Marrati, *La philosophie de Deleuze*, Paris, PUF, 2004.

[2] Além de textos em que expõe ideias próprias, e outros dedicados ao pensamento de Deleuze, como O *vocabulário de Gilles Deleuze*, Zourabichvili apresenta sua leitura própria de Espinosa em dois livros: *Spinoza. Une physique de la pensée*, Paris, PUF, 2002; e *Le conservatisme paradoxal de Spinoza. Enfance et royauté*, Paris, PUF, 2002.

[3] Deleuze diz que "o estilo cava" na "heterogeneidade" da língua ou da linguagem "diferenças de potenciais entre as quais alguma coisa pode passar, pode se passar, surgir um clarão que sai da própria linguagem, fazendo-nos ver e pensar o que permanecia na sombra em torno das palavras, entidades de cuja existência mal suspeitávamos. Duas coisas se opõem ao estilo: uma língua homogênea, ou, ao contrário, quando a heterogeneidade é tão grande que se torna indiferença, gratuidade, e que nada de preciso passa entre os polos" (*P*, 192-193; tr. br., 176).

que se evidencia como escrita afiada neste livro é sua maneira incisiva de, sem temer polêmicas, cortar e reagrupar argumentos em prol do que ele promove como "lógica do acontecimento" *[115]*; logicidade que busca, ao mesmo tempo, fluir em lances de exímia e afetuosa apresentação de múltiplos aspectos dessa filosofia. Por isso, em muitas de suas belas passagens, este livro é de quem teve com a estranheza da problemática deleuziana a experiência de encontrar um pensamento que o atacou como signo a ser desvendado. Isto talvez explique o motivo pelo qual Zourabichvili extrai dos próprios textos deleuzianos o movimento de um aprendizado de implicadas variações. Como essas variações se combinam sem subordinação a um modelo teoremático, o livro não aprisiona o filósofo estudado entre as grades golpistas de uma didática da repetição inerciada.

Porém, isso não significa ausência de um fino e cuidadoso entrosamento entre as partes que compõem a exposição total. Trata-se de um entrosamento insuflado pela ideia de uma almejada lógica do acontecimento. Nesse sentido, ele só pode ser fino e cuidadoso, porque a ideia deleuziana de acontecimento implica a afirmação da conexão de heterogêneos, a necessidade do acaso, a surpresa dos devires... Uma simples passagem de olhos pelo sumário do livro, transcrito logo no início, talvez indique ao leitor um esboço dos pontos de apoio dessa sensível e enigmática logicidade.

Eis uma breve panorâmica desse percurso: Cap. I: o pensamento e seu fora, crítica da imagem dogmática, querer, reconhecer, fundar, acontecimento, fim, história; II: encontro, signo, afeto, besteira, sentido, problema, heterogeneidade, pontos de vista, forças, campo transcendental, plano de imanência; III: imanência, crítica do negativo, falso problema, decepção, fadiga, "nosso" problema; IV: tempo, implicação, hábito, devir, acaso, heterogeneidade do tempo, multiplicidade, diferença e repetição, Aiôn, Cronos; V: devir, signo, hábito, díspar, singularidade, síntese disjuntiva, diferença ética, ritornelo, hecceidade, discurso indireto livre.

Que sugerem os nomes aí estacionados na área de cada capítulo? Pode ter havido um excesso de otimismo em achar que uma breve espiada nesses nomes pudesse compor um esboço dos pontos de apoio da ideia de uma sensível lógica do acontecimento. O problema é que a expressão "pontos de apoio" não se acomoda bem com essa filosofia. Quando algum ponto interessa a Deleuze, é porque ele é feito de dobras, é cruzamento de linhas, remete a "pontos-dobra" *[95]*. Tratando-se de um livro deleuziano, não se pode mesmo esperar que essa listagem esteja nomeando galhos de uma árvore que se chamaria "acontecimento". E se fosse para manter o mundo vegetal à vista, dir-se-ia que esses nomes remetem a segmentos de gramíneas, a linhas rizomáticas, portanto. A confusão maior seria tomar esses nomes como categorias orientadoras do entendimento endurecido, dessas que poriam sob sua guarda uma pluralidade de acontecimentos, e aos quais elas dariam, graças ao articulado de suas essências ideais, a falsa inteligibilidade que os nomes genéricos dão às coisas. A confusão seria maior porque Deleuze, aprendiz de estoicos, não reduz "acontecimento" ao estado de coisas de suas efetuações ou atualizações e nem às dimensões empíricas da linguagem (referências objetivas, referências subjetivas e significações).

Então, voltemos à pergunta: que sugerem esses nomes? Cada leitor dará sua resposta, se a pergunta lhe interessar, é claro. Quando se pergunta ao próprio livro pelo sentido dessa listagem de nomes que o sumário não ampara com a ajuda de frases, a resposta pode encontrar algum auxílio tanto no início do prólogo quanto no início da conclusão. No prólogo, Zourabichvili diz o seguinte a respeito do pensamento deleuziano: "Os mesmos motivos lógicos, frequentemente os mesmos conceitos, retornam de um livro a outro e, a cada vez, variados, deslocados; a obra, sempre em curso, é como um jogo de ecos ou de ressonâncias. Tentaremos esclarecer essa configuração lógica recorrente, que apresenta suficiente unidade e coerência, assim como força problematizadora para impor-se por si mesma como uma filosofia — uma filosofia do acontecimento". Citando Deleuze, ele anota: "Em todos os meus livros busquei a natureza do acontecimento", "passei meu tempo escrevendo sobre essa noção de acontecimento" *[13]*. E, no início da conclusão, Zourabichvili explicita o propósito que o anima: "Propusemo-nos fazer a introdução a um pensamento cujo tema principal é o acontecimento, mostrar as razões desse tema e as grandes linhas do seu tratamento conceitual" *[115]*.

Antes de extrairmos dessas frases algum sentido para aquela listagem de nomes anotados acima, livremo-nos de uma discussão desnecessária aqui. Quando reunidas, essas frases podem dar a impressão de que o autor esteja definindo a filosofia de Deleuze. Não se trata de discutir se ele tem ou não o direito de fazê-lo. Em vez de entrar nessa discussão, o mais produtivo e cauteloso é buscar saber se ele está pretendendo tal coisa. A introdução da edição de 2004, incluída neste livro, nos ajuda nessa busca. Diz ele de maneira peremptória: "Ninguém sabe e nem pretende dizer o que é 'a' filosofia de Deleuze; nós nos sentimos afetados por Deleuze, nós outros, seus exploradores, na medida em que tentamos fazer filosofia hoje; presumimos que a filosofia não sairá indene da aventura deleuziana, mas sabemos que cabe a nós mostrar e efetuar isso" *[12]*. Ou seja, em vez de dizer o que é "a" filosofia de Deleuze, Zourabichvili é afetado por "uma filosofia do acontecimento" que ressoa nas obras deleuzianas, filosofia que, para ele, é o "tema principal" a ser tratado. E quando se está pensando *com* Deleuze, é sempre bom ter em mente a absorção de "tema" a "problema", termo este tão decisivo em sua filosofia.[4]

Isso é decisivo para uma leitura precavida deste excelente livro. Leitura precavida, não preconcebida, porque levada a cabo numa relação de envolvimento complexo com recursos propiciados pelo próprio livro, o que não quer dizer leitura praticada num jogo de adesões e repúdios. Ela nos diz, primeiramente, que é melhor tomar aqueles nomes presentes no sumário como operadores de "grandes linhas" do "tratamento conceitual" da noção deleuziana de "acontecimento". Com certo abuso linguageiro, pode-se dizer que aqueles nomes são permeáveis guaridas de delineamentos conceituais mobilizados pelo livro no seu destino de bem tratar a noção deleuziana de acontecimento. São nomes comprometidos com conceitos deleuzianos. Sim, são blocos de delineamentos conceituais tornados permeáveis uns aos outros por ocasião dos movimentos que os envolvem com o pensamento tornado necessário pelo problema que o atinge de fora. É esta a cláusula diferencial:

---

[4] Apenas como exemplo, ver *LS*, 147n1; tr. br., 126n1.

sentir e pensar a diferença é sentir e pensar por força do fora, não simplesmente cultivar formas que facilitem o bem-estar do pensamento consigo mesmo. Em cada expressão de que participam, esses blocos conceituais são ordenados por instigação do problema que se lhes impõe e que os liga por vibração intensiva. Neste caso, o problema que Zourabichvili impõe a eles neste livro é o da determinação sistemática da noção de acontecimento como tema principal do pensamento deleuziano. Ou seja: o livro destina ao tema-problema deleuziano do acontecimento aqueles nomes, aquelas permeáveis guaridas de delineamentos conceituais. Mas falar em sistemática, em destino, não seria fechar em demasia o encadeamento conceitual em si mesmo? Não, porque, nessa filosofia, falar em destino "imanente" (de *uma* vida, por exemplo) é pensar num "sistema não centrado de ecos ou de correspondências não causais"*[82]*.

Digamos que essa tarefa de pensar a noção deleuziana de acontecimento com a ajuda de conceitos também deleuzianos é, num primeiro lance, facilitada por manifestações do próprio pensamento deleuziano. Isso é óbvio, sem dúvida, mas o que dá a essa obviedade um aspecto interessante é o seguinte: o conceito deleuziano de acontecimento é também ele, enquanto conceito, um acontecimento que salta de um estado de coisas cerebral envolvido com os mais variados campos acontecimentais também irredutíveis aos estados de coisas de suas efetuações. É próprio do acontecimento ser um efeito virtual incorpóreo irredutível ao estado de coisas nos quais se efetua. Dizem Deleuze e Guattari: "Ao mesmo tempo em que o cérebro se torna sujeito, ou antes, 'superjecto', segundo o termo de Whitehead, o conceito se torna o objeto como criado, ele se torna o acontecimento ou a criação mesma, e a filosofia se torna o plano de imanência que carrega os conceitos e que traça o cérebro".[5] O que temos, então, é o seguinte: os conceitos com os quais o pensamento filosófico opera o problema que o intensifica são, de imediato, acontecimentos que sobrevoam o estado de coisas das sinapses cerebrais, assim como é também acon-

---

[5] Ver *QPh?*, 198-199; tr. br., 269-270.

tecimento "a batalha" que "sobrevoa seu próprio campo".[6] O sobrevoo da batalha é sua irredutibilidade à estrita empiria de suas efetuações. As relações a que Deleuze se dedica não são, precisamente, relações causais estabelecidas entre os estados de coisas ditos exteriores (o gosto açucarado da madalena de Proust, por exemplo) e os estados de coisas de um complexo sistema orgânico que me levam a sentir empiricamente determinado gosto. Repetindo: a filosofia deleuziana se interessa por relações não causais entre acontecimentos. Essas relações envolvem um sentir dimensionado como poder de ser afetado por acontecimentos de fora; esses afetos forçam o pensar a envolver-se com a criação ou recriação de conceitos, conceitos que saltam como acontecimentos tão irredutíveis à organicidade cerebral quanto ao uso ordinário da linguagem. É preciso estar atento ao alcance teórico desse jogo entre acontecimentos sobrevoantes. O cuidado é não transformá-lo em trapaças tautológicas que forçariam uma familiaridade ou convergência entre acontecimentos do fora e criativos acontecimentos conceituais, trapaças que restaurariam uma espécie de logocentrismo sobrevoante, tudo reduzido a jogos de linguagem.

São várias as passagens deste livro que amparam esse cuidado teórico, mormente as que aparecem no último capítulo, em particular as que dizem respeito à noção de síntese disjuntiva. Graças à torção deleuziana dessa noção, tem-se outro modo de pensar o que ele chama de "comunicação de acontecimentos". Num abusivo resumo do que ele diz em *Lógica do sentido*, temos o seguinte: ao ser forçado a entrar em comunicação com um acontecimento de fora, o conceito deleuziano, que é também um acontecimento, não está ancorado numa identidade que seria a sua e em função da qual ele excluiria isto ou aquilo do outro. Para Deleuze, essa ancoragem configuraria um "uso negativo, limitativo ou exclusivo da disjunção". Para ele, é preciso que o *ou/ou* das disjunções exclusivas, aquelas que operam fundadas num centro de referência, sofra o assédio da potência de um *e* já liberto do predomínio identitário do *é*, um *e*, portanto, capaz de operar como veículo da

---

[6] Ver *LS*, 122; tr. br., 103-104.

exterioridade das relações, exterioridade que leva a relação a liberar-se do fundamentalismo identitário dos termos relacionados. É esse assédio do *e* que desencadeia entre os acontecimentos o tipo de comunicação que interessa a Deleuze. Essa comunicação na imanência, propiciada por encontros intensivos, é a que introduz entre os acontecimentos uma "síntese disjuntiva" afirmativa da "distância" e da "divergência", mas sem perda de uma ressonância transgressora de limites entre eles, uma síntese que não para de deslocar, evitando-o, o que seria um "centro ideal de convergência" (*LS*, 204; tr. br., 177). É nessa síntese disjuntiva de acontecimentos sobrevoantes lá (acontecimento forâneo) e cá (acontecimento conceitual) que o pensamento pode encontrar sua produtiva necessidade isenta de subjetivismo, de representacionismo, de solipsismo conceitual etc.[7]

Esse problema de se "chegar a um pensamento necessário" já é aquele que abre e transborda o capítulo I do livro de Zourabichvili. Para ele, esse problema, que não se reduz a uma "necessidade de pensar" — necessidade que nasce e renasce de encontros com o fora *[15]* — talvez seja "o problema mais geral do pensamento". Isto quer dizer que, para essa filosofia, pensar acontece em complexas implicações com aquilo que não se reduz ao exercício interior e voluntário de uma faculdade cognitiva. Ao mesmo tempo, o fora deleuziano não é "o fora relativo da representa-

---

[7] Por não levar em conta no devido momento essa comunicação entre acontecimentos, visada por Deleuze, Alain Beaulieu parece cometer certo exagero ao dizer que "o amor" de Deleuze "pela imanência o aproxima do solipsismo". Alain Beaulieu, *Gilles Deleuze et la phénoménologie*, Bruxelas/Paris, Sils Maria/Vrin, 2004, p. 71. O filósofo não pode ser responsabilizado, e nem Beaulieu pretende isso, por um fechamento solipsista dos seus conceitos — fechamento operado na mente de repetidores esquecidos de que a criação conceitual deleuziana implica encontros acontecimentais na imanência, a tal ponto que, para Deleuze, desde a década de 1950, criar é uma "re--criação", não é o começo, "mas o re-começo" (*L'Île déserte et autres textes*, organização de David Lapoujade, Paris, Minuit, 2002, p. 16 [tr. br.: *A ilha deserta e outros textos*, São Paulo, Iluminuras, 2006, p. 21]), re-começo que, por força dos afetos que o desencadeiam, abre a própria linguagem a um fora que a ela não se reduz.

ção", o fora extensivo das *partes extra partes*, aquele da qualidade doce da madalena de Proust, tipo de fora "que oferece ao pensamento apenas uma diversidade homogênea" *[40]* acessível aos atos de recognição. Quando se diz que a experiência de pensar não se limita a esse tipo de fora, é porque algo mais acontece, por exemplo, nesse caso da madalena, uma alegria tão intensa que impõe ao pensamento o problema de desvendá-la. Aconteceu, então, o que Deleuze chama de encontro com um signo, isto é, com algo tornado estranho porque instantaneamente imantado por uma heterogeneidade que não se oferta a uma recognição tranquilizadora. Ora, o pensamento envolvido em seus encontros com esse tipo de fora é um pensamento atacado por inúmeros regimes de signos emitidos pelos mais variados modos de vida. Sua experiência, seus problemas e questionamentos não se limitam a encontros extensivamente homogêneos. "Se há signo", diz Zourabichvili, "se uma profundidade se escava na exterioridade relativa e sem mistério da representação, é justamente porque um elemento heterogêneo surge: outro ponto de vista" *[41]*. Para Deleuze, é de várias maneiras que "o signo compreende a heterogeneidade" (*DR*, 35; tr. br., 48). O signo é sempre aquele de Outrem, a expressão é sempre aquela de um "mundo possível", mundo "envolvido, virtual, incompossível com o meu, mas que deviria meu se, de minha parte, eu devesse outro ao ocupar o novo ponto de vista (*DR*, 334-335, 360-361; *LS*, 357)" *[41]*. A experiência desse pensamento, portanto, é a de sentir-se implicado por uma "heterogeneidade" que o coloca em movimento, mas que só ele pode apreender. Donde a pergunta de Zourabichvili: "Será que podemos conceber um modo de conexão positiva do pensamento com o desconhecido ou com o não-pensado que dê conta do ato de pensar? Não se trata apenas de enunciar a exterioridade da conexão, mas de produzir seu conceito" *[40]*. Assim, entre o pensar e o fora que o afeta, um campo problemático insufla os mais variados vínculos, tornando possível a reversibilidade pela qual um problema que força pensar transmuda-se num pensar, diz Deleuze, que "é experimentar", que "é problematizar", que é, como salienta Zourabichvili, "levantar e criticar problemas"; situação essa tão multíplice que impede a redução da "criação" filosófica a emanações de um "sujeito pensante" *[34]* ou a combinações de dimensões empíricas da linguagem. De certo modo, as inúmeras páginas dedicadas à temática da heterogeneidade compõem nervuras desse campo problemático.

É claro que diante de uma enfermidade do corpo impõe-se uma necessidade de pensar suas possíveis causas imediatas e mesmo remotas. Mas as conexões entre acontecimentos, entre signos, no campo problemático dos pontos de vista, da heterogeneidade dos modos de vida etc., implicam conexões não causais, no sentido de que falávamos há pouco, isto é, que acompanha a pergunta "que se passou?". Seria um "falso problema", diz Zourabichvili, "invocar causas, buscar uma explicação, sem dúvida possível no nível da efetuação material do acontecimento, mas impotente diante do irredutível hiato dos heterogêneos". Mas ele também sabe, entretanto, que Deleuze "não lança a correspondência acontecimental contra a causalidade". O que interessa ao pensamento deleuziano é cuidar "da heterogeneidade *no* que acontece" (grifo meu), e isso implica uma forçada abertura do sensível às ressonâncias de encontros vitais, inclusive com artes e ciências. Por isso é correto dizer que esse cuidado está amparado na experiência dos encontros intensivos. Zourabichvili permite entrever isso ao expor a ideia de que "o tempo põe a causalidade em crise num nível mais profundo", e assim, aquilo que "sob a causalidade reina" é "um acaso irredutível que não a contradiz, mas a torna ontologicamente secundária". E observar a "regularidade de uma ligação", diz ele, "não impede que ela seja fundamentalmente irracional, pois dois termos heterogêneos têm apenas conexão exterior, pela sua diferença" *[78]*. À cambiante exterioridade das relações é que se liga a almejada lógica do acontecimento enquanto "lógica do fora", da qual, reitera Zourabichvili, "o pensamento depende". Essa lógica é "forçosamente irracional", pois assume o "desafio de afirmar o acaso". Porém, não se trata de um "ilogismo", pois esse irracionalismo não postula que "tudo seja permitido". Esse irracional deleuziano quer dizer que se está às voltas com um pensamento necessário quando o pensar ocorre "graças a uma conexão positiva com aquilo que ele ainda não pensa" *[30]*. E é uma "lógica extrema e sem racionalidade" como essa que Deleuze reencontra na construção literária de Melville, por exemplo (*CC*, 106; tr. br., 96).

Dentre as perguntas suscitadas por essa heteroconectividade, uma delas pode ser a seguinte: como se move o pensamento deleuziano na imanente pluralidade de mundos tornados possíveis pela heterogeneidade *no* que acontece? A mais breve resposta talvez seja esta: ficando à espreita das microimplicações daquilo que o afeta *no* que acontece. Tem-se aí um devir animal dando nervos a um poder de ser afetado. E, agenciando-se nesse meio de implicações, esse poder transmuda-se num trabalho de expressão do que se passou. Por isso Zourabichvili pode dizer que "a implicação é o movimento lógico fundamental da filosofia de Deleuze". E ainda: "Em cada livro, ou em quase todos eles, a questão é de 'coisas' que se enrolam e se desenrolam, se envolvem e se desenvolvem, se dobram e se desdobram, se implicam e se explicam, e também se complicam". Mas, por que ele privilegia a implicação, por que seria ela "o tema fundamental"? Sabe-se que Deleuze, em *A dobra: Leibniz e o barroco*, depois de salientar que Giordano Bruno leva o "sistema" plotiniano "das mônadas" ao nível de uma "complicação universal", assinala que a "tríade da dobra" é formada pelo infinitivo deste conjunto de verbos: "explicar-implicar-complicar" (*Pli*, 33; tr. br., 46), verbos esses já presentes, como se sabe, na explicitação da ideia de expressão em Espinosa (*SPE*, 9-18). Zourabichvili está certamente levando em conta essa longa duração conceitual quando afirma o que podemos tomar como resposta àquela pergunta. Pode-se dizer que a implicação goza desse privilégio porque, diz ele, ela "aparece duas vezes no sistema da dobra: a complicação é uma implicação em si" e "a explicação é uma implicação em outra coisa". Ele pode dizer, então, que esse "conjunto forma uma lógica da expressão", lógica essa presente na expressividade que inerva a complexa comunicação entre acontecimentos. E, pelo que já vimos, podemos entender o motivo de Zourabichvili insistir em que "a expressão, aqui, nada tem a ver com um processo de exteriorização a partir do dentro" *[82]*.

O interesse por essa lógica da expressão o leva a considerar a escrita deleuziana como "discurso indireto livre" num sentido, diz ele, "não convencional" *[14]*. De imediato, isso quer dizer que a escrita deleuziana não está amparada em *reflexões sobre* algo empiricamente dado; e também não se apoia na prática de golpes por assim dizer retóricos, golpes finalmente incapazes de esconder que não passam de exteriorização de um dentro cultivando a si próprio por meio de camuflagens. Como efetivo discurso indireto livre, a escrita deleuziana passa por intercessores. Deleuze diz que "os intercessores são o essencial", que a "criação implica os intercessores", pois "não há obra sem eles" (*P*, 171; tr. br., 156). Não podemos tomar essas afirmações apenas como homenagem a influenciadores que teriam propiciado a ele um determinado *ter o que dizer*. Se *ter o que dizer* já está ligado à exposição de si a um campo problemático, a coisa ganha outra dimensão de intensidades quando se trata de *poder dizer* o que se tem para dizer. É tomado pelas tensões desse entremeio que Deleuze fica à espreita de seus intercessores. E a frase que Zourabichvili retém dessa página de *Pourparlers* conserva essas tensões próprias do discurso indireto livre de Deleuze: "Dei-me intercessores, e é assim que posso dizer o que tenho para dizer (*P*, 171)" *[14]*. Os intercessores são vetores intensivos de um poder de ser afetado, poder que vaga entre ter o que dizer e o poder dizê-lo. Como singular "discurso indireto livre" (singular porque não mero "misto empírico de direto e de indireto", misto amparado em "sujeitos pré-constituídos"), a escrita deleuziana é vista por Zourabichvili como "enunciação originariamente plural, na qual se 'complicam' vozes distintas": "Sempre uma voz numa outra voz (*IT*, 218)"; vozes "indiscerníveis" numa "enunciação impessoal que preside à diferenciação dos sujeitos (*MP*, 97, 101, 107; *IM*, 106-11; *IT*, 194-200)" *[114]*.

Essas anotações indicam que o pensamento deleuziano se move por heterogeneidades que povoam zonas de implicações. O que Zourabichvili pretendeu encontrar com este seu excelente livro foi o que ele chamou de "motor abstrato" desse pensamento. Ele situa esse motor justamente na "articulação do *fora* (heterogeneidade, exterioridade das relações) e da *implicação* (dobra, envolvimento-desenvolvimento, complicação virtual)", articulação para ele decisiva na elaboração da "maior parte dos conceitos" deleuzianos *[115]*. O funcionamento desse motor obriga Zourabichvili a valorizar no estilo deleuziano o "suficiente para perverter todo o discurso ontológico", tendo em vista "instaurar uma lógica do E, reverter a ontologia (*MP*, 37)" *[7-8]* e livrar-se dos processos de exteriorização a partir do dentro. Por isso, a expressividade deleuziana precisa "definir-se na declinação singular de seus afetos", o que é perfeitamente dizível a respeito de qualquer "ente". Ela se envolve, portanto, com uma ontologia trans-sedentária, com uma "ontologia evanescente", uma ontologia "que só conhece devires, acoplamentos transversais ou desvios mútuos", ontologia que "coincide com a descrição de um campo de experiência liberto da tutela de um sujeito". Por quê? A resposta implica uma certeza espinosana: porque "ninguém sabe de antemão 'o que pode um corpo'" *[10]*.

Ninguém sabe de antemão o que podem os encontros e como lidar com os afetos e dificuldades que deles emergem. Por exemplo, a difícil "possibilidade de conservar o afeto como tal e não sua recaída, de torná-lo incessante, de atingir, por conseguinte, o interminável tempo vazio de Aiôn", esse tempo intensivo sem o qual não há criação. Estar exposto à heteroconectividade (seja como cientista, como artista, como filósofo...), mas sem cair num "desmoronamento", implica essa difícil possibilidade de conservar, na criação de conceitos, o efeito de disparações afetivas, novas maneiras de perceber, de sentir, de agir... Zourabichvili aposta na "esquizofrenia como processo ou devir" *[101]*. Um conservar que é o avesso do conservadorismo "moral e político" da dialética hegeliana *[55]*. A conservação criativa está ligada à produtiva contemplação que se pode extrair de Plotino, para quem "os seres desejam contemplar", e "cada qual à sua maneira", sejam eles humanos, "animais", "e mesmo as plantas e a terra que os engendra".[8] A contemplação, diz Zourabichvili, "se conecta com o afeto". E este, por sua vez, "implica uma conexão de forças". Assim, "contemplar é captar uma ou várias forças, como um tecido devém um olho quando ele consegue captar a luz". E, para além de um mero "ser excitado", captar é "ligar a excitação", é "con-

---

[8] Plotino, *Ennéades*, Paris, Les Belles Lettres, 2003, t. III, tr. e org. de Émile Bréhier, VIII, 1, p. 154.

trair suas vibrações sucessivas". Contrair um hábito está nessa linha de "conexão de forças". O tema de um ganho de vida não orgânica através de uma produtiva passividade, ou seja, de uma produtiva implicação do poder de ser afetado, está embutido nessa linha de contemplações: "Contemplar, contrair, habitar é próprio da força subjugada, que conserva o esvaecimento, que enlaça uma relação em vez de deixá-la escapar" *[93]*. Que cada um faça a experiência de contemplar implicações re-criativas em seu trânsito por este excelente livro.

SOBRE ESTA TRADUÇÃO

Esta tradução é a do texto original, *Deleuze: une philosophie de l'événement*, incluído em François Zourabichvili, Anne Sauvagnargues e Paola Marrati, *La philosophie de Deleuze*, Paris, PUF, 2004, coleção Quadrige, pp. 1-116. Os números colocados entre colchetes indicam a paginação da edição de 2004. A numeração das notas de rodapé, que recomeça a cada página na edição francesa, foi aqui mantida. Em relação à edição anterior (PUF, 1994), o texto atual apresenta uma introdução, "O ontológico e o transcendental", além de correções que tive o privilégio de receber do autor em mensagem datada de 11 de janeiro de 2005.

Manifesto ainda meu profundo agradecimento a Camila Boldrini, a quem devo uma extensa e cuidadosa revisão idiomática desta tradução. Graças à criteriosa atenção dedicada por ela a dezenas e dezenas de passagens deste livro, os leitores encontrarão certamente um grande e raro prazer na leitura desta obra reconhecidamente decisiva no campo dos estudos deleuzianos.

Luiz B. L. Orlandi

Introdução
O ONTOLÓGICO E O TRANSCENDENTAL[NT]
[5]

Publicado pela primeira vez há dez anos, este livro dá testemunho de uma época em que não era comum tratar Gilles Deleuze [1925-1995] como um pensador completo, uma figura maior da filosofia no século XX. Partíamos do paradoxo de sua litigiosa reputação: não é filósofo original, pois ele comenta; tampouco é historiador, pois a cada vez ele se *faz* de Deleuze. Além disso, recusávamos distinguir Deleuze, Deleuze-e-Guattari e mais uma vez Deleuze (como há, em Beckett, um antes de Pim, durante Pim, depois de Pim — questão, convenhamos, um tanto quanto complicada).[NT]

Levando em conta a fadiga dos tempos, não é garantido que esse duplo mal-entendido tenha se dissipado. Candura ou não, pede-se hoje filósofos que saibam novamente ocupar-se de um *objeto* [*objet*]: como se "a experiência" ou "a vida", esta única ocupação do filósofo, esta "coisa mesma" em dimensões múltiplas e irredutivelmente imbricadas, em nome das quais figura a filosofia, fosse de antemão repartida em *terrenos* para a azáfama acadêmica, em *grandes temas* para as conversas do homem de bem. Especialistas ou retóricos, não faltam pretendentes para essa nova filosofia diversamente cognitiva. Quanto à história da filosofia, as nor-

---

[NT] [Essa introdução foi denominada pelo autor "Introdução inédita (2004): O ontológico e o transcendental" e transcrita como tal na 2ª edição do livro (Paris, PUF, 2004).]

[NT] [Referência ao romance de Samuel Beckett (1906-1989), *Como é*, tr. br. de Ana Helena Souza, São Paulo, Iluminuras, 2003. Tradução baseada no texto inglês de *How it is*, Londres, John Calder Publisher, 1964. Em francês, *Comment c'est*, Paris, Minuit, 1961.]

mas universitárias doravante em uso fazem com que Deleuze apareça como um eclético suave, de uma espécie talvez digna de memória, como é toda espécie ao olhar do erudito, mas felizmente extinta.

Quanto ao outro mal-entendido (Deleuze do ponto de vista de Pim), o último decênio viu multiplicarem-se os exegetas [6] especialistas em pureza deleuzelógica, ou, inversamente, os deleuzeguattarólogos indiferentes à era pré-guattariana (e mesmo ao guattariano inferior, quando, aos seus olhos, *Mil platôs* irradia-se como fonte única e absoluta). Nosso *parti pris* era resolutamente a-histórico porque pretendíamos destacar a sistemática deleuziana e, ao mesmo tempo, evitar as armadilhas cronológicas demasiado grosseiras (sob muitos aspectos, por exemplo, a virada de *O anti-Édipo* é uma ilusão, pois a verdadeira renovação dos conceitos — devir-animal, ritornelo, máquina de guerra etc. — só acontece mais tarde).

Entretanto, o fato é que surgiram novos lances. Reteremos aqui apenas dois, porque eles concernem a nossa obra. Por um lado, a deleuzelogia, em seus piores momentos, mas também nos melhores, fez um amplo uso daquilo que Kant [1724-1804] denominava "pomposo nome de ontologia", uso que instalava um equívoco ainda mais difícil de extirpar, dado que esse mesmo nome havia recobrado em Heidegger [1889-1976] uma parte de sua aura. Por outro lado, em algumas de suas tendências, a fenomenologia pretende, hoje, com o ardor dos recém-convertidos, monopolizar a noção de acontecimento, às vezes disposta a refazer a história ou simplesmente ignorá-la.

Não há "ontologia de Deleuze". Nem no sentido vulgar de um discurso metafísico que nos diria o que é a realidade em última instância (esta seria, sobretudo, fluxos, não substâncias; sobretudo linhas, não pessoas...). Nem no sentido mais profundo de um primado do ser sobre o conhecimento (como em Heidegger ou em Merleau-Ponty [1908-1961], em que o sujeito aparece a si já precedido por uma instância que abre a possibilidade desse aparecer).

Aos defensores da primeira versão, devemos lembrar a ancoragem resolutamente "crítica", no sentido kantiano, do pensamento de Deleuze: a de um filósofo que questionou de ponta a ponta as condições da experiência, insatisfeito com Kant e com a fenomenologia (o notório uso que ele faz de Nietzsche [1844-1900] e de Bergson [1859-1941] entra nesse quadro).

Aos partidários mais sutis da segunda, sustentamos, com base na própria obra de Deleuze, que a irrupção do sujeito na experiência não se inscreve em termos obrigatoriamente ontológicos; sustentamos que outro diagnóstico abriu passagem, segundo o qual o ser é uma categoria que não resiste a essa irrupção. *[7]* É verdade que o prestígio de que o nome "ser" goza tende a privá-lo, como que por distração, do trabalho crítico dos vigilantes: ele seria o correlato evidente do pensamento, tão evidente que toda suspeita oposta a ele seria quase de má-fé... A contrapartida de um privilégio tão exorbitante é o acolhimento sem reserva de todo conteúdo possível ou, melhor ainda, de conteúdo algum — ou seja, a própria inconsistência. Retirado de toda predicação possível, o ser é como sua própria fonte... Certamente, pode-se construir um conceito do sem-conteúdo (seja este obtido por reabsorção ou por suspensão), e nomeá-lo, por exemplo, o nada, o neutro, ou ainda de outra maneira; não há razão para batizá-lo ser, salvo forçar a língua ao ponto de tudo tornar-se igual, isto é, ao ponto em que já não se fala.

Ora, se a filosofia de Deleuze tem uma orientação, ela só pode ser esta: *extinção do nome "ser" e, portanto, da ontologia*. Aqueles para quem a tarefa de comentar um autor consiste em inscrevê-lo nas grades da *philosophia perennis* não retornam a esta (mas, no fim das contas, como dizia Deleuze, se o eterno retorno tem sentido, é certamente o de uma seleção). Todavia, Deleuze disse e redisse seu programa com todas as letras — literalmente: substituição do É pelo E; ou, o que dá na mesma, substituição do ser pelo devir. A introdução de *Mil platôs* termina com estas palavras: "Instaurar uma lógica do E, reverter a ontologia"[1] (*MP*, 37). A filosofia contemporânea — Michel Foucault [1926-1984], Jacques Derrida [1930-2004], para não falar nos anglo-

---

[1] Sobre a substituição do É pelo E, ver *D*, 70-3; *MP*, 36, 124; *IT*, 235. Sobre a substituição do ser pelo devir, ver *MP*, 291 (donde a promoção do conceito de linhas).

-saxões — abandonou ou ultrapassou a ontologia; que felicidade, ingênua ou pérfida, há em querer a todo custo reencontrar uma em Deleuze?

Entretanto, objeta-se: Deleuze, ele próprio, não escreveu com todas as letras que "a filosofia se confunde com a ontologia"?[2] Enfrentemos isso — cabe ao apologista do nome "ser" explicar como, na mesma obra, pode ser produzido um conceito de campo transcendental.[3] E comecemos por restabelecer a cláusula do enunciado, habitualmente elidida ou mal ponderada: "[...] mas *[8]* a ontologia se confunde com a univocidade do ser".[1] Ela contém — exemplo formidável do estilo ou do método de Deleuze — o suficiente para perverter todo o discurso ontológico.

Consideremos os dois autores, Espinosa [1632-1677] e Nietzsche,[2] aos quais Deleuze atribui a afirmação da univocidade, após Duns Escoto [1265-1308], seu iniciador. Não é de uma incessante meditação de Espinosa que ele tira o nome "plano de imanência", destinado a suplantar o nome "campo transcendental", tornado inadequado?[3] E não é de Nietzsche que ele diz: acolheu, para além de Kant, o compromisso com uma verdadeira crítica?[4] A questão que todo leitor de Deleuze deve enfrentar, se quiser evitar o *parti pris* (sem, todavia, abster-se de tomar posição, isto é, de consignar a Deleuze, em filosofia, um lugar inédito que subverte a paisagem filosófica), é saber como esse pensador pode conjugar dois modos de aproximação à primeira vista incompatíveis: transcendental, ontológico.[5]

---

[2] *LS*, 210.

[3] *LS*, 14ª, 15ª e 16ª séries.

[1] "Univocidade do ser" significa: o ser se diz num só e mesmo sentido de tudo aquilo de que ele se diz.

[2] *DR*, 57-61.

[3] *Mil platôs* fala, a partir de Espinosa, de um "plano de imanência ou de univocidade" (*MP*, 311, 326).

[4] *NPh*, 99 ss.

[5] Para ficar apenas num exemplo, o mesmo conceito de "singularidades pré-individuais" é introduzido duas vezes em *Lógica do sentido*: como com-

Será suficiente lembrar que Husserl [1859-1938] já havia reintroduzido a ontologia, subordinando-a à interrogação fenomenológica? Será suficiente acrescentar que as dificuldades que enfrentava a fenomenologia (os limites de uma "constituição" a partir do sujeito transcendental) conduziram, inversamente, um Fink [1905-1975] ou um Heidegger a reinscrever a fenomenologia, para completá-la mais do que para traí-la, numa perspectiva ontológica? Certamente não. A inspiração "ontológica" sobrevém a Deleuze *ao lado* da sua postura crítica, e como o duplo desta.

Deleuze remonta ao coração da verdadeira tradição ontológica: aquela que ganha impulso na Idade Média, bem antes da douta formação da palavra;^{NT} aquela que é, inicialmente, uma meditação sobre a linguagem, contrariamente às "metafísicas" clássicas, com as quais a ontologia é frequentemente confundida, encontrando-se aí historicamente anexada. Heidegger, certamente, é o primeiro a *[9]* ter restaurado essa dimensão linguística — ao ponto de ser inquirido sobre a aventura escotiana. Mas a tese da univocidade não é fonte de inspiração para ele, ao passo que Deleuze vê nela o ato mais glorioso da ontologia — aquele que também a conduz diretamente à sua autoabolição como doutrina do *ser*.[1] Não é a ontologia em si mesma que interessa a Deleuze; é — como diz a cláusula citada acima — o momento de sua história no qual surgiu a tese da univocidade, assim como a posteridade clandestina desta, bem além da Idade Média.

O lance consiste em identificar a ontologia a uma de suas teses: Deleuze crê-se autorizado a isso pelo fato de que a afirmação

---

ponente do novo conceito de campo transcendental (*LS*, 15ª série); depois, como categoria ontológica num texto sobre Klossowski (*LS*, apêndice III). [Pierre Klossowski, 1905-2001.]

NT [Uma das primeiras incidências da palavra "ontologia" encontra-se na obra de Goclenius (Rudolf Goclenius, 1549-1628) denominada *Lexicon philosophicum, quo tamquam clave philosophiae forfes aperiuntur* (Frankfurt, 1613, 1615).]

[1] Deleuze, entretanto, está muito perto de anexar Heidegger à sua linhagem de pensadores univocistas: ele o exclui apenas *in extremis*. Ver *DR*, 52, 91.

da univocidade repousa na busca de uma pura lógica do sentido; há o risco — em conformidade com a definição deleuziana do humor como arte das consequências — de que essa lógica desemboque num anarquismo político especial, de perversão e não de destruição, anarquismo que, sobre a ideia de irredutibilidade do pequeno ao grande, funda um conceito de resistência original e muito pouco piedoso, no qual se resume suficientemente bem o "pessimismo alegre" do nosso filósofo.² No mesmo lance, é no seu mais elevado ponto de completude que a ontologia se descobre votada, não a borrar a noção da qual ela tira seu nome (borrar não é uma maneira de Deleuze), mas a apagá-la à força de *sobriedade*. E se nos dispusermos a marcar o estilo deleuziano com um símbolo, sem insistir nisso mais do que o faria um pensador que sempre se manteve afastado das trapaças linguageiras, ressaltaremos uma vez mais esta amputação silenciosa de uma letra que a língua francesa permite: E*(S)*T.^NT

De uma lógica do ser e do saber, a filosofia tende rumo a uma lógica da relação [*relation*] e da crença [*croyance*]. O fato de que o "ingênuo" Hume [1711-1776] tenha ressurgido *após* Heidegger, não sob a forma de um retorno a, mas sob a injunção *desterritorializadora* do mais contemporâneo questionamento, é certamente uma das surpresas a que nos reserva esta sobriedade, sem a qual, para Deleuze, não há filosofia em devir.³ *[10]*

---

² *DR*, 55. Ver também *QPh?*, 104 ss., e *CC*, 165-167.

^NT [*EST*, em francês, corresponde ao nosso É (do verbo ser). Com a amputação da letra S, o autor obtém a conjunção ET, correspondente ao nosso E. Em português, o resultado é mais rapidamente obtido com a amputação do acento agudo que distingue É de E.]

³ O apelo à sobriedade é uma das insistências de *Mil platôs*: ver *MP*, 125, 342, 425. Ele se dirige a todo mundo, logo aos deleuzianos, igualmente. [^NT A expressão "filosofia em devir", que o autor aí emprega no sentido de um amplo questionamento filosófico, foi empregada anteriormente por Xavier Tilliette para caracterizar as variações que marcaram determinada filosofia em *Schelling: une philosophie en devenir* (Paris, 2 vols., 2ª ed. revista e aumentada, Vrin, 1992)].

Quando procuramos onde Deleuze acredita poder atar os dois fios do seu discurso, transcendental e ontológico, podemos invocar, certamente, a categoria de "imanência", e o estranho tratamento ao qual ele a submete.[1] Porém, ao perguntarmos pelo momento exato em que essa categoria é instalada, precisamos responder: quando a afirmação da univocidade do ser, desdobrada em todas as suas consequências, chega ao conceito de *afeto* e se converte num pensamento da experiência. Eis o esquema da demonstração: *se* a univocidade do ser [*être*] implica que os entes [*êtres*] só se distinguem pelo seu grau de potência, e *se* esse grau de potência, antes de se comparar a outros, está inicialmente submetido à jurisdição de uma prova intrínseca, na qual ele só se mede a si mesmo (ir ao extremo do que se pode — de modo que a opressão consiste menos em sofrer o jugo do mais potente do que em ser "separado do que se pode", inapto, assim, a exercer qualquer resistência), *então* um ente só se deixa definir na declinação singular de seus *afetos* (mais do que pelo gênero e diferença específica); e essa ontologia evanescente, que só conhece devires, acoplamentos transversais ou desvios mútuos, coincide com a descrição de um campo de experiência liberto da tutela de um sujeito (pois ninguém sabe de antemão "o que pode um corpo"). Efetua-se aí, igualmente, a passagem de um regime do sentido próprio e da metáfora regrada a um regime da "literalidade" anárquica, na qual, de direito, tudo comunica com tudo.[2]

---

[1] Husserl voltara a dar vida à noção de imanência ao inscrevê-la no quadro de uma filosofia da experiência, para além de Kant. Deleuze volta a ativar o antigo uso — metafísico — da noção para dar consistência ao seu projeto antifenomenológico de radicalização do pensamento crítico. Ver *SPE*, cap. XI; *MP*, 310 ss.; *SPP*, cap. VI.

[2] Ver *DR*, 55, mas também a esclarecedora aula de 14/1/1974, disponível no site www.webdeleuze.com. [NT Em apoio à argumentação do autor, pode-se destacar a seguinte passagem dessa aula: "Por que a ideia de graus de potência está fundamentalmente ligada à de univocidade do ser? Porque entes que se distinguem unicamente pelo grau de sua potência são entes que realizam um mesmo ser unívoco, com a diferença do grau de potência ou de defecção. De modo que entre uma mesa, um moço, uma moça, uma locomo-

Imanência: é esse o momento. Não o momento em que a experiência ordinária remontaria às suas próprias condições para delas fazer a experiência de algum modo transcendental, disposta a reconhecer que a condição última não é o *ego*, mas o Ser [*Être*] ou o Acontecimento [*Événement*] (estilo fenomenológico-heideggeriano); mas sim o momento em que esse próprio remontar transcendental se mostra dependente da tomada de consistência de uma experiência "real" — dependente, em outros termos, da alteração das condições sob as quais algo *[11]* é reconhecido como possível (estilo deleuziano). Este acontecimento é atestado pela produção de categorias singulares e pela emergência de uma *crença* inédita. Pois, enquanto o saber, apesar do que se diz dele, permanece como disposição fundamental de um pensamento que se dirige ao ser, só a crença corresponde ao acontecimento pelo que ele envolve de exterioridade irredutível ou de desafio lançado à razão.

"Crença" não tem mais aqui o sentido tradicional de uma atitude cuja validade relativa se mede em conformidade com uma verdade presente ou por vir, verdade possuída cá embaixo por um outro, o cientista, ou, no além, por algum entendimento infinito. Só se conserva o sentido de convicção não raciocinada, mas cujo valor negativo se inverte, dado que a *necessidade* a que o filósofo aspira se revela impensável nos limites da "razão" (isto é, de um pensamento senhor de si mesmo). "Crença" se reporta ao incansável retorno ao espírito de uma relação inédita e problemática, de uma tão imprevisível quanto injustificável conjunção de termos; cuja difícil afirmação opera a abertura, por efração [por arrombamento], de um novo campo de experiência capaz de domar uma parte das ocorrências caóticas da vida e de transmutar seus golpes em signos (exemplos célebres: o inconsciente *é/e* uma fábrica, e não mais um teatro;[1] o cérebro, mais erva do que árvore[2] — são enun-

---

tiva, uma vaca, um deus, a diferença é unicamente de grau de potência na realização de um só e mesmo ser".]

[1] *AOE, passim.* [NT Entre muitas outras referências, ver *AOE*, 31, 58, 64, 103, 134, 354, 374, 473, 482, 485.]

[2] *MP*, 24. [NT *MP*, 24: "mas o próprio cérebro é muito mais uma erva do que uma árvore".]

ciados, nos diz Deleuze, a serem entendidos literalmente,^{NT} e não como simples metáforas, pois esse solo movente de relações transitórias não é precedido por partilha alguma do sentido, partilha que permitisse assinalar o uso próprio e o uso figurado). Assim, pensar é "contrair um hábito", o que volta a dar a esta noção todo seu valor de inovação ou de criação.

Portanto, só há acontecimento no plural, o acontecimento é sempre pelo menos dois. Em outras palavras, o acontecimento é menos o advir absoluto de um nascimento sobre fundo de negatividade (nada ou *doxa*) do que um devir em que o antes e o depois brotam ao mesmo tempo, ao longo de uma cesura que o pensamento não pode reduzir (o antes não é um nada, isto é, um antes de mim ou antes do pensamento, mas é um eu-antes-de-outro--modo [*moi-avant-autrement*] ou o que o pensamento era — "Eu é um Outro" [*Je est un Autre*]).^{NT} Assim, o acontecimento [*événement*], sempre plural e [12] precedido por outros, não tem, diferentemente dos pensamentos de proveniência fenomenológica, o caráter de um advento [*avènement*].

Com Deleuze, o pensamento deixou de considerar a neutralidade do acontecimento como um acontecimento neutro, reiterável em toda parte (embora seu estatuto antepredicamental, em Merleau-Ponty ou em Heidegger, preserve *em princípio* o acontecimento da prova do mesmo e do outro, prova ela mesma neutralizada).[1] Doravante, o pensamento entende acolher o desejo de Nietzsche: articular nomes que não sejam avatares daquele de um Deus mal morto. Eis por que a função de crer não desaparece, mas

---

^{NT} [*AOE*, 482: "Das duas definições de fábrica dadas por Ure (Andrew Ure, 1778-1858) e citadas por Marx, a primeira reporta as máquinas aos homens que as vigiam, a segunda reporta as máquinas e os homens, 'órgãos mecânicos e intelectuais', à fábrica como corpo pleno que os maquina. Ora, é a segunda definição que é literal e concreta". Ver Karl Marx, *O Capital*, Livro I, 4ª seção, cap. XIII, item 4: a fábrica.]

^{NT} ["*Je est un autre*": expressão de Arthur Rimbaud (1854-1891) presente na "Segunda carta do vidente", enviada a Paul Démeny em 15 de maio de 1871. Ver emprego da expressão em *AOE*, 395.]

[1] Sobre a neutralidade do acontecimento, ver *LS*, 9ª e 21ª séries.

muda de sentido; e nos enganaríamos se compreendêssemos que a variável tenha apenas tomado outro valor para uma função mantida intacta. Eis também por que o agenciamento deleuziano não poderia convir totalmente à filosofia em devir, ainda menos bastar--lhe eternamente. Mas a filosofia em devir convém a esse agenciamento no sentido forte e ativo; ou, melhor ainda: *eles se convêm* na medida em que ela encontra nele ocasião para deslocar-se, para surpreender-se e experimentar-se sem se reconhecer. Portanto, escrever sobre Deleuze não é comemorar uma revolução filosófica já feita. Ninguém sabe e nem pretende dizer o que é "a" filosofia de Deleuze; nós nos sentimos afetados por Deleuze, nós outros, seus exploradores, na medida em que tentamos fazer filosofia hoje; presumimos que a filosofia não sairá indene da aventura deleuziana, mas sabemos que cabe a nós mostrar e efetuar isso.

PRÓLOGO
[13]

Gilles Deleuze nunca parou de comentar outros autores e, ao fazê-lo, sempre afirmou um pensamento próprio e original. Os mesmos motivos lógicos, frequentemente os mesmos conceitos, retornam de um livro a outro e, a cada vez, variados, deslocados; a obra, sempre em curso, é como um jogo de ecos ou de ressonâncias. Tentaremos esclarecer essa configuração lógica recorrente, que apresenta suficiente unidade e coerência, assim como força problematizadora para impor-se por si mesma como uma filosofia — uma filosofia do acontecimento: "Em todos os meus livros busquei a natureza do acontecimento", "passei meu tempo escrevendo sobre essa noção de acontecimento" (*P*, 194, 218).

A natureza dessa estranha filosofia, constantemente inovadora e meticulosamente teimosa, estacionária e mutante segundo a definição paradoxal que ela propõe do *nomadismo*, parece legitimar e comprometer ao mesmo tempo nossa intenção. E mais: exibir o protótipo de um pensamento sempre engajado num elemento variável, inseparavelmente ético, estético e político, pode parecer derrisório. Portanto, este livro só tem sentido a título de auxiliar de leitura ou de exercício lógico adjacente: ele é escrito para quem leu ou queria ler Deleuze. Como todo guia, ele propõe um itinerário, experimentado pelo autor, mas que não pode ser efetuado no lugar do leitor (e que este se sinta naturalmente à vontade para melhorá-lo ou livrar-se dele, contanto que, por sua vez, experimente outro).[NT]

[NT] [O segundo parágrafo do prólogo da primeira edição estava assim composto: "É verdade que nossa intenção parece duvidosa à primeira vista, pois, produzindo um protótipo, é grande o risco de falsear o sentido de um

Mas a dificuldade comporta outro aspecto. Cometer-se-ia um erro dividindo em dois a obra de Deleuze — seus *[14]* comentários de um lado, suas próprias obras de outro. Desde *Nietzsche e a filosofia*, cujo título, mais do que um simples comentário, anuncia uma confrontação, o tom empregado adverte o leitor de que não se trata de uma presença subjacente e autônoma do comentador, mas de uma causa comum ao autor comentado e ao autor que comenta. Aparece, então, esse uso não convencional do *discurso indireto livre*, que caracterizará muitos textos ulteriores, antes dele próprio vir a ser um tema: uma maneira de emprestar sua voz às palavras de outrem que acaba por se confundir com seu reverso — falar por sua própria conta servindo-se da voz de um outro. O comentário, a escrita a dois são casos de discurso indireto livre. Poder-se-ia aplicar a Deleuze o que ele diz do cineasta Pierre Perrault [1927-1999]: "Dei-me intercessores, e é assim que posso dizer o que tenho para dizer" (*P*, 171). Reciprocamente, nas obras ditas independentes, a presença ou a insistência de autores amados não é menor do que a do comentador em suas monografias: não acreditamos, portanto, que um livro como *Proust e os signos* tenha menos importância, do ponto de vista do pensamento "próprio" de Deleuze, do que *Diferença e repetição* ou *Lógica do sentido*, tanto mais que os conceitos enunciados nestas obras procedem frequentemente por desvio e interpenetração de motivos vindos de alhures.

Portanto, atribuímos com mais frequência apenas a Deleuze os enunciados apresentados. É ele espinosista, nietzschiano, bergsoniano? (Ele é bom? Ele é malévolo?) De modo algum é *discernível* o que cabe a Deleuze ou aos outros, e isso não pode ser avaliado em termos de autenticidade ou de influência. *Distinta*, em contrapartida, é a configuração nova e anônima que se afirma nessa obra indireta livre, obra que só pode ser portadora do nome de Deleuze. É ela que nos interessa aqui.

pensamento sempre engajado num elemento variável. Portanto, a exposição que propomos só tem sentido a título de auxiliar de leitura ou de exercício lógico adjacente".]

Capítulo I
O PENSAMENTO E SEU FORA
(CRÍTICA DA IMAGEM DOGMÁTICA)
[15]

O problema mais geral do pensamento talvez seja o da sua *necessidade*: não a necessidade de pensar, mas como chegar a um pensamento necessário. A primeira experiência do pensamento é a de que não temos escolha, a de que não queremos ter escolha, a de que não enunciaremos o que almejamos. O pensador está feliz quando não tem mais escolha.

A filosofia sempre compreendeu e admitiu essa correlação [*corrélation*] entre o pensamento e a necessidade. Ela reconheceu mais do que isso: o liame [*lien*] entre a necessidade e a *exterioridade*. Com efeito, o pensamento, ele próprio, não escolhe o que é necessário; é preciso que aquilo que ele pensa não dependa absolutamente dele. A essa necessidade a filosofia deu o nome de verdade. Ela viu nisso não somente o objeto de uma revelação, mas o justo conteúdo correspondente ao que deve ser dito ou pensado, o que a levou a duplicar a verdade com um correlato exterior ao espírito, independente deste e idêntico a si (a realidade e sua essência). Em filosofia, pensar quis dizer inicialmente conhecer.

Portanto, a filosofia admite de bom grado que a sorte do pensamento se decide em sua conexão [*rapport*] com a exterioridade. O problema é saber se ela chega efetivamente a pensar essa conexão, se ela afirma realmente uma relação [*relation*] autenticamente exterior entre o pensamento e o verdadeiro.[NT] Deleuze faz o seguinte diagnóstico: por mais que a filosofia reconheça na verda-

---

[NT] [A ligação de cada uma dessas palavras francesas entre colchetes a um distinto termo em português será mantida ao longo do livro como sinal para facilitar o acesso do leitor a possíveis distinções conceituais pertinentes. Nesse sentido, empregou-se "relação" como tradução de *relation*, o derivado

de um elemento independente do pensamento, ela *interioriza* a conexão e postula que pensamento e verdade estão numa relação íntima ou natural. O filósofo não escolhe o verdadeiro, quer submeter-se à lei do fora; mas, ao mesmo tempo, *[16]* ele não para de se dizer amigo ou íntimo desse fora, aquele que o busca espontaneamente, que se encontra originariamente em seu caminho. A verdade ainda não está conquistada ou possuída, mas sua forma é de antemão dada pelo pensador a si mesmo; o pensamento "possui formalmente o verdadeiro", mesmo que lhe falte conquistá-lo materialmente (*DR*, 172). Embora não saiba ainda o que é verdadeiro, o pensamento se sabe pelo menos dotado para buscá-lo, se sabe apto *a priori* a juntar-se novamente a ele. Donde, por exemplo, a ideia de uma verdade esquecida mais do que desconhecida (Platão [428-347 a.C.]), ou o tema da ideia inata mais do que forjada ou adventícia, disposta a interiorizar a conexão com Deus como fora absoluto ou transcendência (Descartes [1596-1650]).

Deleuze empreende, portanto, uma crítica do conceito de verdade ou da determinação do necessário como verdadeiro. O problema que ele levanta é o da capacidade do pensamento afirmar o fora e o das condições dessa afirmação. Será suficiente pensar o fora como uma realidade exterior idêntica a si mesma? Será que não permanecemos numa exterioridade relativa, apesar das aparências? Portanto, a necessidade à qual o pensador aspira será mesmo da ordem de uma verdade, pelo menos no sentido em que ela foi definida? Qualifica ela um discurso que expressaria o que as coisas são, uma enunciação que faria corresponder o sentido e a essência? Será que o fora do pensamento se dá a conhecer, será que sua natureza faz dele o objeto de um conteúdo de pensamento? É tão difícil renunciar à ideia de uma realidade exterior...

Deleuze observa que através da história da filosofia se afirma uma certa *imagem do pensamento*, que ele denomina *dogmática* porque ela consigna *a priori* uma forma ao fora (*NPh*, 118-126; *PS*, 115-124; *DR*, cap. III). Essa imagem impregna, pelo menos formalmente, todas as filosofias até a grande crise nietzschiana,

"correlação" para verter *correlation*, e o substantivo "conexão" para o termo *rapport*.]

mesmo quando contestada aqui e ali no interior de um sistema (como em Espinosa, onde a ideia de composição, desenvolvida através do conceito de noção comum e da teoria afetiva do corpo, tende a levar todo o sistema a um empirismo, exigindo uma leitura "pelo meio": *SPE*, 134 e cap. XVII; *SPP*, caps. V-VI).

A imagem dogmática deriva da interiorização da conexão filosofia-fora ou filosofia-necessidade. Ela se exprime: 1) na crença num pensamento natural; 2) no modelo geral da recognição; 3) na pretensão ao fundamento. *[17]*

Querer

Convencionou-se, em filosofia, que pensamos naturalmente. Com isso, é pressuposta a *boa vontade* do sujeito pensante: "O filósofo pressupõe de bom grado que o espírito enquanto espírito, que o pensador enquanto pensador, quer o verdadeiro, ama ou deseja o verdadeiro, procura naturalmente o verdadeiro. Ele confere a si, antecipadamente, uma boa vontade de pensar..." (*PS*, 115; ver igualmente *NPh*, 83, 108, 118; *DR*, 170 ss.). O desejo do verdadeiro pertence de direito ao pensamento como faculdade; buscar o verdadeiro é uma orientação constitutiva, originária, do pensamento. Este encontra em si mesmo a inquietação e o impulso de uma busca: ele quer o verdadeiro. E essa vontade não é apenas um anseio, pois ela basta para nos colocar no caminho do verdadeiro. Desde o ponto de partida, o pensador está numa conexão de afinidade com aquilo que ele busca: basta-lhe querer para encontrar ou reencontrar a direção do verdadeiro. Boa vontade não significa somente a intenção de fazer o bem, mas uma intenção que por si mesma já nos põe no caminho do bem, é um guia que orienta o pensamento. Que a vontade seja boa significa que querer é querer o verdadeiro (e que a perseverança no erro, conforme um tema moral bem conhecido, deve ser atribuída a uma falta de vontade). Dê prova de vontade, decida que quer o verdadeiro e você já estará neste caminho; e lhe faltará tão somente um método para evitar desventuras. "De determinado ponto de vista, a busca da verdade seria o mais natural e o mais fácil; bastaria uma decisão e um método capaz de vencer as influências exteriores que desviam o pensamento de sua vocação e o fazem tomar o falso pelo verdadeiro" (*PS*, 115-116). Assim, pensar talvez seja difícil de fato, mas, de direito, é fácil: basta querer (decisão) e se aplicar (método) (*DR*, 174).

Mas se o pensamento é tido como capaz de encontrar em si mesmo a orientação necessária é porque ele já a possui desde sempre. A boa vontade do pensador é garantida pela *reta natureza do pensamento* (*DR*, 171; *NPh*, 118). O pensamento é naturalmente bem orientado, de sorte que, se estamos não só em busca do verdadeiro, mas também em busca do caminho que leva ao verdadeiro (a orientação), é preciso [supor] que o pensamento tenha sido desviado, distraído por forças *[18]* nocivas que lhe são alheias. O conceito de erro, no qual a filosofia põe todo o negativo do pensamento, é construído sobre o esquema de uma intervenção exterior que desvia o pensamento de si mesmo e — acidentalmente, portanto provisoriamente — torna opaca sua conexão natural com a verdade. O pensamento conserva sempre o recurso de reatar com sua própria força por um ato de vontade. Em filosofia, portanto, a exterioridade é sempre clivada: tanto quanto o erro, a verdade tem sua fonte fora do pensamento, mas temos com ela uma conexão essencial e íntima e, com ele, uma conexão acidental. O bom fora está no fundo dos nossos corações, como um "dentro mais profundo que todo o mundo interior" (e veremos que Deleuze conserva esse esquema, mas subvertendo sua significação); o mau fora está no exterior, perverte o pensamento.

O pensamento é naturalmente *bem* orientado. Como, depois de Nietzsche, não suspeitar que haja um motivo moral no fundamento dessa imagem dogmática? Que haja um bem pensar na origem desse pressuposto? "Somente a Moral é capaz de nos persuadir de que o pensamento tem uma boa natureza e de que o pensador tem uma boa vontade, e somente o Bem pode fundar a suposta afinidade do pensamento com o Verdadeiro. Com efeito, quem, senão a Moral? E esse Bem que dá o pensamento ao verdadeiro e o verdadeiro ao pensamento..." (*DR*, 172). O que nos assegura haver um liame de direito entre o pensamento e o verdadeiro? Por que o pensamento precisaria estar dotado para a verdade?

Nada nos garante que o pensamento esteja sempre à procura do verdadeiro, que ele queira naturalmente a verdade. Só há liame *a priori* pela ideia moral de Bem.

Reconhecer

A segunda consequência da interiorização da conexão pensamento-verdade é o modelo da *recognição* (*PS*, 37-38; *DR*, 171 ss.). O objeto pensado é menos o objeto de uma descoberta do que o objeto de um reconhecimento, pois o pensamento, não estando numa conexão de absoluta estranheza com o que ele pensa ou se esforça por pensar, antecipa-se de algum modo, prejulgando a forma do seu objeto. Não se busca a verdade sem postulá-la *[19]* de antemão ou, dito de outra maneira, sem presumir, mesmo antes de ter pensado, a existência de uma realidade: não de um mundo (Deleuze não põe isto em causa), mas de um "mundo verídico", idêntico a si, que seria dócil, fiel a nossa expectativa, na medida em que que o conheceríamos. Assim que interpreta seu objeto como realidade, o pensamento lhe consigna *a priori* a forma da identidade: homogeneidade e permanência. O objeto é submetido ao princípio de identidade para que ele possa ser conhecido, de modo que todo conhecimento já é um reconhecimento. O pensamento reconhece o que ele previamente identificou; ele dá a si próprio para pensar apenas aquilo que tenha passado de antemão pelo crivo do Mesmo.

Então, é fácil ver que um mundo "verídico" está forçosamente bordado por uma *transcendência* que lhe garante a identidade, precisamente porque esta só pode ser presumida, visto que o pensamento está dando *a priori* uma forma ao que ele ainda não conhece (e assim começa a confusão da imanência e da clausura). A crença numa realidade exterior remete em última instância à posição de um Deus como fora absoluto. Em suma, a imagem dogmática do pensamento se deixa reconhecer quando liga fora e transcendência, quando remete necessariamente a um além a garantia necessária do *a priori* que ela postula e impõe aqui mesmo, neste mundo.

Mas como poderia o pensamento saber de antemão *aquilo* que ele tem de pensar, como poderia ele aplicar-se a um objeto previamente reconhecido, supostamente preexistente? Será que podemos acreditar que ele atinja assim a necessidade, a apreensão de alguma coisa que não dependa dele? Será que uma filosofia da imanência teria, então, de pôr em causa até o esquema lógico atributivo, que privilegia as questões de essência ao prejulgar a identidade do objeto interrogado, perguntando sempre: o que é? Veremos que o pensamento, enquanto pensa, não visa a um objeto idêntico a si e não opera num campo objetivo-explícito. É tão somente numa zona "distinto-obscura" que ele atinge o necessário, isto é, que ele pensa verdadeiramente.

O modelo da recognição traz consigo, pelo menos, dois outros postulados: o erro, como estado negativo por excelência do pensamento; o saber, como elemento do verdadeiro (*DR*, 192 ss. e 213 ss.). A filosofia mede sua ambição pela natureza do objeto visado, idêntico e permanente. Assim, o pensamento é apenas [20] um processo provisório, destinado a preencher a distância que nos separa do objeto; ele dura exatamente o tempo que investimos para reconhecer. Sua razão de ser é negativa: findar as desagregações da ignorância. A menos que seja o inverso disso e que pensar se resuma à contemplação beata do objeto sabido ou ao exercício maquinal de uma soberana potência de recognição. Portanto, colocar o saber como alvo é uma posição que aprisiona o pensamento na alternativa do efêmero e do imóvel. De qualquer maneira, trata-se de apropriar-se de conteúdos dos quais não se dispõe ainda. (E a crítica "pedagógica" do saber permanece impotente; pior ainda, ela dá testemunho de uma inspiração sofística quando se contenta em desvalorizá-lo em proveito de capacidades vazias ou formais que são apenas o correlato dele: só se critica o conteúdo saindo do dualismo que ele forma com o continente.) Assim, o filósofo imagina ter alcançado o êxito, sonha como possuidor; a imagem dogmática do pensamento é bem a de um enriquecimento. Nessas condições, como poderia o elemento do saber conjurar o espectro que o assombra — a besteira? Deleuze enfatiza o quanto o postulado recognitivo — com seus dois avatares, o saber e o erro — favorece uma imagem servil do pensamento, fundada sobre a *interrogação*: dar a boa resposta, encontrar o resultado justo, como na escola ou nos jogos televisivos. O ato de pensar se pauta por situações pueris e escolares. "Fazem-nos acreditar que a atividade de pensar, assim como o verdadeiro e o falso vinculados a essa atividade, só começam com a busca das soluções, só concernem às soluções" (*DR*, 205). "Em todos os tempos a filosofia correu esse risco, que consiste em medir o pensamento por ocorrências tão desinteressantes como dizer 'bom dia, Teodoro', quando é Teeteto que passa" (*QPh?*, 132; *NPh*, 120; *DR*, 195).

Daí decorre a ideia humanista e piedosa segundo a qual os problemas são desde sempre os mesmos, que eles constituem um patrimônio comum para além do tempo, e que o pensamento navega entre soluções divergentes, mas igualmente lacunares e insatisfatórias. A filosofia se acha diante do dilema de buscar novas soluções, que condenariam todo o seu passado, ou entreter o culto de enigmas eternos colocados ao homem, enigmas que o filósofo teria pelo menos o mérito social de assumir pelos outros, e que ele assumiria de maneira tanto melhor *[21]* quanto mais manifestasse desinteressadamente um ardor pela conservação de soluções passadas (felizmente, a história da filosofia nem sempre se limitou a isso).

Fundar

Finalmente, o liame *a priori* do pensamento e da verdade se exprime no equívoco do *começo* (*DR*, 169 ss.). A filosofia esteve muito ocupada em começar; nunca parou de buscar o bom princípio: Ideias, causas, *cogito*, princípio de razão suficiente... Não se trata somente de introduzir uma ordem nos conceitos; a exigência de uma ordem implica uma clivagem, uma diferença de estatuto entre conceitos que fundam e conceitos fundados: os primeiros, absolutamente necessários, são tidos como capazes de garantir a necessidade dos segundos. "De uma vez por todas", isto não se diz apenas do fim (saber), mas igualmente do início: a filosofia reclama um ponto de partida, como uma ruptura definitiva com o que ela não é. A filosofia exige um fundamento como a marca de que ela, enfim, começou a pensar, que ela deixou deveras o horizonte de um pensamento tão apenas possível (a opinião, a *doxa*). Ainda aí, como no tema da exterioridade, a questão [*question*] é saber se a filosofia pode pretender ultrapassar efetivamente a simples possibilidade de pensar quando coloca o problema em termos de fundamento.

Deleuze sublinha a incapacidade dos filósofos em começar verdadeiramente (*DR*, 169-173). Um verdadeiro começo exige a expulsão de todo pressuposto. Mas é em vão pretender começar por um conceito que não pressuponha outro (como o de *Cogito*, quando Descartes evita definir o homem como animal racional), pois nem por isso se escapa a pressupostos de outra ordem, implícitos ou preconceituais, que só podem se apoiar no senso comum. Assim, "supõe-se que cada um saiba, sem conceito, o que significa eu, pensar, ser" (*DR*, 169). No próprio momento em que a filosofia acredita começar, seu começo inclina-se para o pré-filosófico, de modo que ela jamais pode possuir a si mesma, autonomizar seu fundamento. Para começar ou fundar a si própria, a filosofia não pode *[22]* ater-se a uma diferença de estatuto nos conceitos: essa diferença, por sua vez, repousa sobre uma diferença de estatuto na própria *doxa* ou opinião. A filosofia só atinge o fundamento selecionando opiniões universais (o ser empírico, sensível e concreto em Hegel [1770-1831], a compreensão pré-ontológica em Heidegger) ou mesmo uma Opinião originária (a *Urdoxa* da fenomenologia). Heidegger contesta a imagem dogmática de maneira decisiva quando enuncia que o pensamento está em posição de ainda não pensar, mas, por outro lado, ele desenvolve o tema de uma *philia*, mantendo, portanto, "uma homologia entre o pensamento e o que se há de pensar" (*DR*, 188n). Enquanto o começo é pensado como fundamento, ele está submetido a um reconhecimento inicial cuja forma é a do senso comum, de modo que, assim, a filosofia não chega a se desfazer de uma afinidade prévia com o que se trata de pensar. A impotência para se desfazer dos pressupostos está evidentemente ligada ao modelo recognitivo: o pensamento que funda entra em círculo com a opinião, que ele pretende ultrapassar e conservar ao mesmo tempo; com isso, o pensamento chega tão só a reencontrar ou reconhecer a *doxa* (veremos no cap. III o quanto isso diz respeito também à dialética hegeliana).

Ora, colocar em questão [*question*] essa suposta afinidade provoca uma subversão completa na maneira pela qual a filosofia compreende sua própria necessidade. Romper com o pensamento que funda, mas em proveito do quê? Renunciando fundar, não somos reconduzidos à dúvida, com a garantia de doravante jamais sairmos disso? A única certeza não seria aquela, mínima e paradoxal, do ceticismo? Mas o problema está em saber se o empreendimento de fundar não é simplesmente contraditório com o conceito de necessidade. Fundando, pretendemos possuir o começo, dominar a necessidade. Supõe-se que o pensamento entra em si mesmo e conquista sua necessidade do interior (a título de exemplo, lembremos o impressionante início das *Conversações sobre a metafísica e a religião* [1696], de Malebranche [1638-1715]. Uma vez mais toda a filosofia parece tomada pelo equívoco de um fora, ora ameaçador (o mundo exterior sensível), ora salutar (Deus, o inteligível), de modo que a conexão necessária com o fora é inexplicavelmente inscrita na própria natureza do pensamento. O fracasso do fundamento não é estranho à fragilidade desse postulado. Não é de admirar que a necessidade nos escape [23] quando procuramos fechar o pensamento sobre si mesmo; o próprio fundamento está assentado sobre uma brecha, mal ou bem entulhado de opiniões.

Assim sendo, não está assegurado que o pensamento renuncie ao começo quando constata sua própria incapacidade para dominá-lo, para englobá-lo. Ao contrário, talvez só a esse preço ele comece verdadeiramente, isto é, renunciando a possuí-lo, admitindo que esse começo se passe "às suas costas". O que a filosofia acredita perder ao afirmar uma exterioridade radical talvez seja o que ela venha a ganhar verdadeiramente. Não há contradição entre o "verdadeiro começo", invocado por *Diferença e repetição*, e a afirmação dos *Diálogos*, segundo a qual pensar só ocorre *no meio*, sem começo nem fim. Não é fundando que se começa, mas num "universal desfundamento";[NT] não se começa "de uma vez por todas". Para compreender que esse enunciado nada tem de

---

[NT] ["Desfundamento" traduz o original *effondement*.]

cético, e que ele se concilia perfeitamente com a ideia de um começo radical ou efetivo, devemos conectá-lo com a rejeição do modelo recognitivo, rejeição que decorre do questionamento do postulado da intimidade com o fora ("o duvidoso não nos faz sair do ponto de vista da recognição", *DR*, 181). O conceito de começo só envolve a unicidade com a condição de pressupor a identidade daquilo que se há de pensar. Veremos que o começo deve ser repetido, e mesmo afirmado "a cada vez", porque o mundo não tem a realidade ou a confiabilidade que pensamos: ele é heterogêneo. O pensamento afirma uma conexão absoluta com a exterioridade ao mesmo tempo em que ele recusa o postulado da recognição e afirma o fora *neste mundo-aqui*: heterogeneidade, divergência. Quando a filosofia renuncia a fundar, o fora abjura sua transcendência e devém *imanente*.

Para Deleuze, portanto, trata-se de conseguir afirmar a conexão de exterioridade que liga o pensamento ao que ele pensa. Se o pensamento malogra necessariamente quando tenta apoderar-se do seu começo, talvez seja porque começar não dependa dele. Assim, ele pode pensar as condições de um começo radical absoluto e enunciar, ao mesmo tempo, que "estamos sempre no meio", e que uma filosofia não começa, não pensa a partir do princípio que ela enuncia como primeiro (ver *D*, 76; *SPP*, 164, no caso do espinosismo). O verdadeiro começo está necessariamente fora do [24] conceito ou no limite do conceito, e depende da capacidade deste último de não se fechar sobre si, capacidade de implicar, ao contrário, a conexão com o fora, que é de onde ele tira sua necessidade. Já podemos prever que essa conexão colocará em jogo algo totalmente distinto de uma "realidade exterior" (um acontecimento, um devir).

Deleuze não para de recusar uma falsa alternativa, aquela que nos impõe escolher entre a transcendência e o caos, entre a necessidade compreendida como verdade preexistente e a ausência pura e simples de necessidade. A ideia de verdade não está ausente de sua obra, mas ele rejeita o conceito tradicional dela, aquele que a associa a uma realidade exterior objetiva. Ele mantém a ideia de revelação (*PS*, 59), mas se trata menos do desvelamento de um objeto oculto do que de um devir-ativo do pensamento, assim como das "objetidades" paradoxais, distinto-obscuras, objetidades que o pensamento apreende quando se põe a pensar. "A verdade é somente o que o pensamento cria... pensamento é criação, não vontade de verdade..." (*QPh?*, 55). Acontece que criar não diz respeito a uma decisão arbitrária ou a um decreto. Fazer com que a verdade dependa de um ato de criação não é confiná-la no subjetivismo, submetê-la ao capricho de uma vontade individual (relativismo que, como se sabe, anularia a ideia de verdade). Deleuze mostra, ao contrário, que o ato de pensar põe necessariamente em crise a subjetividade, e que a necessidade, longe de atender aos votos de um sujeito pensante já constituído, só é conquistada quando o pensamento está fora de si mesmo, pensamento que só é absolutamente potente na ponta extrema da sua impotência.

Nota sobre o acontecimento, o fim, a história

Deleuze não vê liame lógico entre o acontecimento e a ideia de *fim*. Para ele, o problema moderno não se exprime em termos de fim, pois são termos de um pensamento precisamente incapaz de findar com algo ou que não para de findar. Nunca efetuaremos inteiramente o fim à força de interrogá-lo:

> "Sair nunca ocorre assim. O movimento ocorre sempre às costas do pensador ou no momento em que ele pisca os olhos. Sair já ocorreu ou jamais ocorrerá" (*D*, 7-8). *[25]*

O problema moderno, do qual o pensamento do fim é de algum modo a leitura derivada, o reflexo negativo, consiste em que já fomos tragados por outra coisa, por outros signos. Um fim não basta para fazer um acontecimento, para nos lançar no acontecimento; uma época só finda porque outra já começou. O fim é a sombra reativa de uma emergência, o contrassenso por excelência sobre o acontecimento. Algo se passou, mas nem por isso a filosofia está encerrada, pois a clausura anunciada não implica que renunciamos a pensar por conceitos, mesmo que eles tenham de mudar de natureza: a filosofia entra numa nova época ou, mais exatamente, ela se relança inteiramente de novo. Isso quer dizer que ela não é ligada por Deleuze a uma identidade — marcada pelos conceitos de verdade, de essência, de fundamento, de razão etc. — que permitiria do mesmo modo pronunciar seu fim: "não sabemos o que pode" a filosofia, porque só temos diante dos olhos o seu passado, eminentemente contingente, passado que não poderia valer por um centro ou uma referência absoluta.

O acontecimento, portanto, põe em crise a ideia de história. O que acontece, enquanto acontece e rompe com o passado, não pertence à história e não poderia ser explicado por ela (*P*, 46, 208-209, 230-231; *QPh?*, 106-108). Ou nada acontece ou então a história é somente a representação homogeneizadora de uma sucessão de acontecimentos irredutíveis (frequentemente submetidos, a partir do futuro, a um juízo transcendente, em vez de serem apreciados por uma avaliação imanente que destacaria, a cada vez, a consistência intrínseca ou o peso de existência de um devir). Se for ainda possível conectar esses devires a um "mesmo" sujeito, que se conclui deles muito mais dos que os condiciona, é em função de uma ou várias *faculdades*, neste caso a faculdade de criar conceitos, ligada à própria natureza da linguagem (ver *infra*, cap. V). Ora, essa faculdade não tem sentido por si mesma; ela depende, como veremos, de forças que dela se apoderam e que impõem um "plano" de pensamento, uma "imagem do pensamento".[NT]

Ou há o novo, e é isso mesmo que nos permite debruçar sobre o que deixamos de ser, murmurando "acabou", porque já não nos reconhecemos aí; ou então a história é um desenvolvimento, e o fim, já em germe desde o começo, aparece como a verdade daquilo que acabou [26] — mas neste caso o fim é interior ao processo que ele encerra, impotente para romper, e usurpa seu nome de fim:

[NT] [O leitor da primeira edição do original (p. 19) notará variações neste parágrafo. Não apenas aparece "sucessão de acontecimentos", em vez de "sucessão de devires", como também o trecho entre parênteses substitui este outro: "a menos que, como pesquisa, como investigação, ela busque apreender esses devires, abandonando, então, a ideia moderna de história".]

"Hegel e Heidegger permanecem historicistas na medida em que colocam a história como uma forma de interioridade na qual o conceito desenvolve ou desvela necessariamente seu destino. A necessidade repousa sobre a abstração do elemento histórico tornado circular. Compreende-se mal, então, a imprevisível criação de conceitos" (*QPh?*, 91).

É possível que sintamos uma grande lassidão, uma fadiga que poderia bastar para definir nossa modernidade: mas a sensibilidade ao *intolerável*, esse afeto que nos deixa paradoxalmente sem afeto, desafetados, desarmados diante das situações elementares, impotentes em face da universal ascensão dos *clichês*, constitui uma emergência positiva, no sentido menos moral da palavra, a emergência de alguma coisa que não existia antes e que induz uma nova imagem do pensamento (*IT*, 29). Certamente, o pensamento contemporâneo dá testemunho de uma ruptura que demanda avaliação. Mas, justamente, devemos perguntar: "Que se passou?" (*MP*, 8º platô), isto é, do mesmo modo: o que a filosofia *devém*?[NT]

É verdade que Deleuze, assim como bom número de filósofos antes dele ou contemporâneos dele, parece interpretar sua época como o tempo feliz em que se revela a essência da filosofia, em que aparece às claras o lance que a distingue de maneira absoluta tanto das técnicas de comunicação quanto da religião: a *imanência*. Assim, a imagem moderna do pensamento está ligada à necessidade nova de afirmar a imanência (*QPh?*, 55). Porém, de um lado, essa revelação não surge no fim. Ao contrário, ela é o começo de uma época, e o passado da filosofia talvez tenha sido tão somente uma primeira idade, na qual a filosofia ainda mal se desembaraçava daquilo que existia antes dela:

[NT] [Aqui, após a palavra "ruptura" houve supressão do seguinte trecho, entre parênteses, da primeira edição: "(a partir de Nietzsche, Chestov, Artaud e, em certa medida, de Heidegger)".]

"Sabe-se que as coisas e as pessoas são sempre forçadas, determinadas a se ocultar quando começam. E como poderia ser de outro modo? Elas surgem num conjunto que ainda não as comportava e, para não serem rejeitadas, devem mostrar de antemão as características comuns que conservam com o conjunto. A essência de uma coisa nunca aparece no início, mas no meio, no curso do seu desenvolvimento, quando suas forças se consolidaram" (*IM*, 11).

Por outro lado, é certo que já havia filosofia desde essa primeira idade: os filósofos só criavam seus conceitos *[27]* por imanência, mesmo que tivessem a transcendência por objeto; e, de quando em quando, filósofos já subvertiam a imagem dominante — Crisipo [280-200 a.C.] e o acontecimento, Lucrécio [96-55 a.C.] e o simulacro, Espinosa e os encontros, Hume e a circunstância. E talvez essa subversão já estivesse inscrita no próprio Platão, o grande ambivalente (*DR*, 93; *LS*, 1ª, 2ª e 23ª séries e apêndice I; *CC*, 170-171).

O tema do acontecimento está hoje no centro das preocupações filosóficas e anima as mais ousadas e originais tentativas. Mas o ar do tempo não fornece em si mesmo uma filosofia e não conseguiria mascarar diferenças inconciliáveis: para Deleuze, uma filosofia do acontecimento é incompatível com a negatividade.

Capítulo II
ENCONTRO, SIGNO, AFETO
[28]

A filosofia fracassa na busca de um conceito primeiro, porque começar não depende dela. Se não há liame natural entre o pensamento e a verdade, se o pensamento não está originariamente em conexão com o verdadeiro, não depende dele pôr-se a procurar o verdadeiro, e ele nem mesmo teria originariamente esse gosto. Amar o verdadeiro não é espontâneo.

> "Há sempre a violência de um signo que nos força a buscar, que nos rouba a paz... A verdade nunca é o produto de uma boa vontade prévia, mas o resultado de uma violência no pensamento... A verdade depende de um encontro com algo que nos força a pensar e a buscar o verdadeiro... É o acaso do encontro que garante a necessidade daquilo que é pensado... Que quer aquele que diz 'eu quero a verdade'? Ele só a quer coagido e forçado. Ele só a quer sob o império de um encontro, conectado a tal signo" (*PS*, 24-25).

É preciso que algo *force* o pensamento, abale-o e o arraste numa busca; em vez de uma disposição natural, há uma incitação fortuita, contingente, que depende de um *encontro*. O pensador é inicialmente um paciente (*DR*, 156); é arrombado por um signo que coloca em perigo a coerência ou o horizonte relativo de pensamento no qual até então ele se movia. A emergência de uma ideia não é certamente amigável; implica um desprazer muito diferente da insatisfação ligada ao pretenso desejo de saber, e que não pode deixar de acompanhar o pensador enquanto pensa, mesmo que esse desprazer *[29]* seja apenas o reverso ou a contrapartida de uma alegria, de um desejo ou de um amor que emerge simultaneamente:

> "Uma filosofia que a ninguém entristece e a ninguém contraria não é uma filosofia" (*NPh*, 120).

> "Que é um pensamento que a ninguém faça mal, nem àquele que pensa, nem aos outros?... O que é primeiro no pensamento é o arrombamento, a violência, é o inimigo, e nada supõe a filosofia; tudo parte de uma misossofia" (*DR*, 177-182).

A questão [*question*] já não é: como alcançar a verdade? Mas: em quais condições o pensamento é levado a buscar a verdade? Encontro é o nome de uma relação absolutamente exterior na qual o pensamento entra em conexão com aquilo que não depende dele. A *exterioridade das relações* é um tema constante em Deleuze desde o seu primeiro livro (*ES*, 109). Quer se trate de pensar ou de viver, o que sempre está em jogo é o encontro, o acontecimento, portanto a relação enquanto exterior aos seus termos.

Assim definida, a relação é contingente, casual, pois não se pode deduzi-la da natureza dos termos que ela religa: um encontro é sempre inexplicável. Mas como a necessidade depende precisamente da exterioridade da conexão, o *acaso* perde aqui seu valor tradicionalmente negativo. O arbitrário já não é determinável como acaso, e a oposição não passa mais pelo acaso e a necessidade. O arbitrário se diz, ao contrário, de um pensamento que pretende começar em si mesmo, por si mesmo, um pensamento que procede de maneira dedutiva ou refletindo sobre um objeto dado de antemão. Em contrapartida, quando o pensamento assume as condições de um encontro efetivo, de uma autêntica conexão com o fora, então ele afirma o imprevisível ou o inesperado, acampa sobre um chão movediço que ele não domina, e ganha aí sua necessidade. Pensar nasce de um acaso, pensar é sempre circunstancial, relativo a um acontecimento que sobrévém ao pensamento. Tem por que chocar a razão a ideia de que a filosofia encontra, assim, seu ponto de partida naquilo que ela não domina: como se alicerçaria ela sobre o que a coloca em xeque, sobre o próprio inexplicável, sobre o aleatório? Mas quem ainda fala em alicerce, quando a lógica do fundamento ou do princípio de razão conclui justamente pelo seu "desfundamento", cômico e decepcionante (*DR*, 258, 349-355)? Não se pode dar razão de um acontecimento. Insistindo sobre a diferença entre o irracionalismo e o ilogismo, *[30]* Deleuze tira as consequências de sua crítica da imagem dogmática: o pensamento depende de uma *lógica do fora*, forçosamente irracional, que lança o desafio de afirmar o acaso (por exemplo, *CC*, 104-106). Irracional não quer dizer que tudo seja permitido, mas, sim, que o pensamento só pensa em uma conexão positiva com aquilo que ele ainda não pensa. Deleuze constata que a disciplina institucionalmente portadora do nome de lógica abona essa confusão do ilogismo e do irracionalismo, quando ela própria fixa seus limites ao estimar que o fora só pode ser "mostrado" (segundo o termo de Wittgenstein [1889-1951]): "Então, a lógica se cala, e ela só é interessante quando se cala" (*QPh?*, 133).

Besteira, sentido, problema

Inversamente, se o pensamento só pensa sob a condição de um encontro, ele está "naturalmente" em estado de torpor. A *besteira* é essa condição do pensamento como simples faculdade, "a saber, que ele não pensa enquanto nada o força" (*DR*, 353). Aqui, Deleuze está o mais próximo e ao mesmo tempo o mais distante de Heidegger. O mais próximo, porque retoma por sua conta a ideia segundo a qual a faculdade de pensar concerne a uma simples possibilidade e não ainda a uma capacidade, e se apropria do célebre motivo que daí decorre: "Nós não pensamos ainda".[1] O mais distante, porque reprova em Heidegger, como vimos, o não ter rompido com o tema dogmático da amizade — "Donde as metá-

---

[1] Essa fórmula é quase tão frequente em Deleuze quanto aquela de Espinosa: "não se sabe o que pode um corpo". Ver *NPh*, 123; *DR*, 188, 198, 353; *IT*, 218; *QPh?*, 56. Aliás, as duas fórmulas entram em relação no início do cap. VIII de *A imagem-tempo*.

foras do dom, que substituem as da violência" (*DR*, 188n). A palavra de Heidegger, portanto, é reatada a uma problemática da besteira. Esta não concerne somente ao fato, mas ao direito; ela pertence ao próprio conceito do pensamento, porque nada garante a existência de uma afinidade natural entre o pensamento e a verdade. Ela constitui uma ameaça muito mais temível que a do erro, sempre extrínseco. *[31]*

> "O pensamento adulto e aplicado tem outros inimigos, estados negativos profundos a seu modo. A besteira é uma estrutura do pensamento como tal: não é uma maneira de se enganar; exprime, de direito, o não-sentido [*non-sens*] no pensamento. A besteira não é um erro nem um entrelaçamento de erros. Conhecemos pensamentos imbecis, discursos imbecis inteiramente feitos de verdades; mas tais verdades são baixas, são as de uma alma baixa, pesada, e de chumbo" (*NPh*, 120).

> "Os professores bem sabem que é raro encontrar erros ou alguma coisa de falso nos 'deveres de casa' (salvo nos exercícios em que é preciso traduzir proposição por proposição, ou então, produzir um resultado fixo). O que se encontra são não-sentidos, observações sem interesse e sem importância, banalidades assumidas como relevantes, confusões de 'pontos' ordinários com pontos singulares, problemas mal formulados ou desviados de seu sentido: é isso o pior e o mais frequente, todavia cheio de ameaças, destino de todos nós" (*DR*, 198-199).

Então, defronta-se o pensamento com um inimigo mais temível que o falso: o não-sentido. Os jogos do verdadeiro e do falso já não bastam para definir a provação vivida pelo pensamento: "Será que podemos ainda sustentar que procuramos o verdadeiro, nós que nos debatemos no não-sentido?" (*P*, 202). "É vão invocar tal conexão para definir a filosofia" (*QPh?*, 55); vale mais buscar aquilo que permitiria pensar, por um lado, o estado, aliás mais grave que o erro, em que o pensamento está materialmente *e* formalmente separado da verdade; e, por outro, as circunstâncias nas quais o pensamento entra em conexão com o elemento do verdadeiro e onde a distinção do verdadeiro e do falso ganha sentido para ele. Essa conexão é a do sentido e do não-sentido. "Uma nova imagem do pensamento significa, primeiramente, o seguinte: o verdadeiro não é o elemento do pensamento. O elemento do pensamento é o sentido e o valor" (*NPh*, 119). Não se trata de invocar um valor mais elevado que a verdade, mas de introduzir a diferença na própria verdade; trata-se de avaliar as verdades ou as subjacentes concepções do verdadeiro. Isso quer dizer que Deleuze não suprime a conexão verdadeiro-falso, mas modifica-lhe o sentido, levando-a no nível dos problemas, independentemente de todo ato de recognição. "Levar a prova do verdadeiro e do falso aos próprios problemas" (*B*, 3; *DR*, 207): assim, a conexão do sentido e do não-sentido não se opõe à conexão verdadeiro-falso, mas é a determinação superior desta, determinação que não mais apela a uma realidade postulada (de modo que, por não-sentido, se entenderá um falso problema). *[32]*

"Conhecemos pensamentos imbecis, discursos imbecis inteiramente feitos de verdades" (*NPh*, 120). A oposição brutal verdadeiro-falso é ultrapassada pela introdução, no próprio verdadeiro, de uma diferença entre verdades "baixas" (recognições exatas) e verdades "elevadas" (colocações de problemas). O elemento do verdadeiro é submetido ao critério diferencial do sentido e do não-sentido. A diferença se introduz também no falso: erro ou recognição malograda/falso problema. A verdade não é relegada ao segundo plano, o que seria contraditório, mas concebida como uma multiplicidade. Submeter o verdadeiro e o falso ao critério do sentido é introduzir no elemento da verdade ou da oposição verdadeiro-falso uma diferença de nível, uma pluralidade de graus. De modo algum se trata de graus de probabilidade indo do verdadeiro ao falso, de 1 a 0, como nas lógicas polivalentes, ou de distâncias variáveis entre o verdadeiro e o falso; trata-se, isto sim, de diferentes planos, hierarquizáveis, de verdade-falsidade. Em outros termos, o modelo da recognição não pertence de direito ao conceito de verdade, sendo apenas uma das determinações deste, de onde deriva a ideia de adequação, que supõe a preexistência de um objeto ao qual o pensamento vem igualar-se. Num nível superior, "verdadeiro" qualifica o ato de colocação de um problema, ao passo que "falso" já não designa uma recognição malograda ou uma proposição falsa, mas um não-sentido ou falso problema, ao qual corresponde um estado que já não é o erro, mas a besteira, a bobagem, a tolice (*DR*, 207). Porém, segundo qual critério poderá um problema ser dito verdadeiro ou falso? Será que Deleuze não vai reintroduzir nesse nível o postulado da recognição?

Deleuze elabora uma teoria do problema capaz de dar conta dessa pluralização do conceito de verdade. À primeira vista, essa teoria é paradoxal, pois se funda sobretudo numa desvalorização do papel da interrogação em filosofia. Com efeito, em nome da mesma ilusão, da mesma incompreensão do que é realmente um problema, é denunciado o procedimento interrogativo como falso processo de aprendizagem, pois ele organiza o devir do aluno em função de um resultado adquirido de antemão pelo mestre; ao mesmo tempo, é denunciada a ideia de que a filosofia seria a arte por excelência da pergunta [*question*],[NT] mais do que da resposta. "Um problema, enquanto criação de pensamento, nada tem a ver com uma interrogação, que é tão somente uma proposição suspensa, o duplo exangue de uma proposição afirmativa considerada capaz de servir-lhe de resposta" (*QPh?*, 132). *[33]* Quando fazemos uma pergunta [*nous posons une question*], e pressupomos a resposta como lhe sendo preexistente de direito em algum céu teórico-ontológico — como se o filósofo tivesse sua atenção repentinamente dispensada a um rincão até então negligenciado, como se este rincão esperasse seu olhar não para existir, mas para ter direito de cidadania entre os homens — não vemos que o conjun-

---

[NT] [Traduzo *question* ora por "questão", quando o termo francês está relacionado à ideia de uma problemática imperativa, ora por "pergunta", como fiz agora, quando há esvaecimento dessa relação — nos casos de predomínio de certo didatismo, por exemplo. Eis como Deleuze destaca o peso expressivo das questões: "As questões são imperativas ou, antes, *as questões exprimem a relação dos problemas com os imperativos dos quais eles procedem*". [...] "Os problemas ou as Ideias emanam de imperativos de aventura ou de acontecimentos que se apresentam como questões" (*DR*, 255).]

to pergunta-resposta [*question-réponse*] já pertence a um contexto problemático que condiciona tanto uma quanto a outra. É constante até Hegel o tema filosófico segundo o qual a verdade não é um conjunto de respostas esparsas e nem se reduz a uma coleção de verdades particulares. Porém, mesmo em Hegel, o ultrapassamento é buscado no nível da proposição e, com isso, deixa de elevar-se a um elemento genético mais profundo (do qual deriva até mesmo o negativo ou a contradição), não atingindo, assim, o verdadeiro motor do pensamento. É em função de certa problemática que uma questão devém possível e, sobretudo, que uma proposição toma *sentido*. O sentido é tão somente a conexão de uma proposição não à pergunta da qual ela é a resposta, pois isso não passa de um duplo estéril, mas ao problema fora do qual ela não tem sentido. Qual problema é preciso levantar, ou como é preciso levantar o problema, para que esta ou aquela proposição seja possível? — é este o princípio de uma lógica do sentido que o primeiro livro de Deleuze, *Empirismo e subjetividade*, já esboçava, num vocabulário corrigido mais tarde:

> "O que um filósofo *diz* nos é apresentado como se fosse aquilo que ele *faz* ou o que ele *quer*. Apresentam-nos como crítica suficiente da teoria uma psicologia fictícia das intenções do teórico. Desse modo, o atomismo e o associacionismo são tratados como projetos sorrateiros que desqualificam de antemão aqueles que lhes dão forma. 'Hume pulverizou o dado.' Mas, com isso, o que se crê explicar? E mais ainda: pode-se acreditar ter dito alguma coisa? Todavia, é preciso compreender o que é uma teoria filosófica a partir do seu conceito; ela não nasce a partir de si mesma e por prazer. Nem mesmo basta dizer que ela é resposta a um conjunto de problemas. Sem dúvida, tal indicação teria pelo menos a vantagem de encontrar a necessidade de uma teoria numa conexão com algo que lhe possa servir de fundamento, mas tal conexão seria mais científica do que filosófica. De fato, uma teoria filosófica é uma questão desenvolvida, e nada mais do que isso: por si mesma, em si mes-

ma, ela não consiste em resolver um problema, mas em desenvolver *ao extremo* as implicações necessárias de uma questão formulada" (*ES*, 118-119). *[34]*

Assim, Deleuze orienta-se rumo a um pluralismo dos problemas, pluralismo inseparável de uma nova concepção do objeto filosófico. "Pensar é experimentar, é problematizar" (*F*, 124): ao mesmo tempo, levantar e criticar problemas. Na raiz do pensamento não há uma conexão de fidelidade ou de adequação, nem mesmo de identificação com o que é pensado, mas um ato, uma *criação* cuja necessidade implica critérios outros que não o de um objeto supostamente exterior, independente e preexistente (e esse ato e criação são paradoxais, pois não emanam, propriamente falando, do sujeito pensante [*DR*, 257]). Desse ato de problematização, dessa criação problematizante depende não a verdade em sua oposição simples ao erro, mas o *teor de verdade*, em outras palavras, o sentido do que pensamos. As questões não são dadas ao filósofo, mas tampouco provêm de uma lacuna ou de um estado de ignorância: elas são criadas. O sentimento de ignorância, como veremos mais adiante, é a sombra ou a imagem em negativo de um ato positivo. Para ignorar, é preciso captar signos que nos lançam, justamente, num aprendizado (o velho motivo socrático). Mas, então, por que é "problemática" a criação filosófica, por que a afirmação, em filosofia, é mais concernente a problemas do que a proposições, sendo estas dependentes daqueles? Levantar um problema vem a ser objetivar de maneira paradoxal uma pura conexão com o fora. Enquanto pensa, o pensamento não enuncia verdades, ou melhor, seus atos de verdade são os próprios problemas, que não nascem prontos.

A determinação do sentido como conexão entre uma tese e uma instância mais elevada que a condiciona é retomada no segundo livro, *Nietzsche e a filosofia*. Este livro expõe o conceito de *força* conectado a uma problemática do sentido e da avaliação. Impõe-se uma observação preliminar. Estabelecer uma conexão entre as forças e o sentido é uma concepção muito nova em filosofia, pois a força é habitualmente considerada como a instância muda por excelência, estúpida e brutal: a força nada diz, ela golpeia e se impõe, nada mais. E toda a história da filosofia é atravessada pela preocupação à qual parece estar ligada a própria sorte da filosofia: opor radicalmente, sem compromisso possível, o *logos* à violência. Mas será que a força é redutível à violência? Talvez fosse preciso antes diferenciar o conceito de violência. Há um *[35]* tema da violência em Deleuze; mas a violência descrita é aquela que o pensamento sofre, aquela sob cujo impacto ele se põe a pensar; trata-se dessa agressividade crítica que muito frequentemente falta à filosofia. Portanto, ela é o contrário de uma violência espontânea, essa que é tão característica de um querer-dominar, de um pensamento inicialmente agressivo que busca seu motor na negação (pensamento que, separado das condições de necessidade que o obrigariam a pensar, apenas converte sua besteira em malevolência). Um conceito diferencial de violência implica, como veremos, uma crítica do negativo. Por enquanto, basta notar o seguinte: assim como não deseja naturalmente a verdade, o pensador, enquanto pensa, não poderia querer a violência, que lhe vem de fora e que ele só assume secundariamente — agressividade crítica — com a condição de dirigi-la contra seu antigo eu ou sua própria besteira. Enquanto nos contentarmos em opor de uma maneira geral o *logos* à violência, permaneceremos surdos ao essencial: as condições de um verdadeiro ato de pensar, a especificidade do querer-dominar.

De que ponto de vista uma lógica das forças renova a teoria do sentido? Uma "coisa" — fenômeno de qualquer ordem, física, biológica, humana — não tem sentido em si, mas somente em função de uma força que dela se apodera. Portanto, ela não tem interioridade ou essência: seu estatuto é o de ser um *signo*, o de remeter a outra coisa distinta de si mesma: à força que ela manifesta ou exprime. Toda exegese voltada para o conteúdo explícito da coisa nada nos ensina sobre seu sentido, e, acreditando dizer sua natureza, ela de fato se limita a descrever um fenômeno. O sentido só aparece na conexão da coisa com a força da qual ela é o fenômeno (*NPh*, 3). O sentido remete a uma afirmação. Através de coisas-fenômenos afirmam-se maneiras de viver e de pensar; o homem dá testemunho dos seus modos de existência através dos fenômenos ditos culturais — religião, ciência, arte ou filosofia, mas também vida social e política —, portanto, através de conceitos, sentimentos, crenças.

Destaca-se uma concepção do objeto filosófico. O pensamento não se exerce extraindo o conteúdo explícito de uma coisa, mas tratando-a como um signo — o signo de uma força que se afirma, que faz escolhas, que marca preferências, em outros termos, que ostenta uma vontade. Afirmar é sempre traçar uma diferença, estabelecer uma *[36]* hierarquia, *avaliar*: instituir um critério que permita atribuir valores. O que antes de tudo interessa ao pensamento é a heterogeneidade das maneiras de viver e de pensar; não enquanto tais, para descrevê-las e classificá-las, mas para decifrar seu sentido, isto é, a avaliação que elas implicam. O sentido concerne a uma vontade mais do que a uma coisa, a uma afirmação mais do que a um ser, a uma clivagem mais do que a um conteúdo, a uma maneira de avaliar mais do que a uma significação. Coisa, ser, conteúdo, significação: a isso se reduz o fenômeno quando separado de sua gênese e das condições de sua aparição, quando não é mais apreendido como signo.

A fórmula de *Empirismo e subjetividade* era que um enunciado só tem sentido em função do problema que o tornou possível. O livro sobre Nietzsche começa definindo o que é um problema. Todo ato de problematização consiste numa avaliação, na seleção hierárquica do *importante* ou do *interessante*. Um problema não é uma questão colocada ao filósofo; ao contrário, toda questão é que já implica uma posição de problema, mesmo implícita, uma maneira de colocar "o" problema, isto é, de repartir o singular e o regular, o notável e o ordinário:

> "O problema do pensamento não está ligado à essência, mas à avaliação do que tem importância e do que não tem, à repartição do singular e do regular, do notável e do ordinário [...]. Ter uma Ideia não significa outra coisa; e o espírito falso, a própria besteira, define-se, antes de tudo, por suas perpétuas confusões entre o importante e o desimportante, o ordinário e o singular" (*DR*, 245).

"A filosofia não consiste em saber, e não é a verdade que inspira a filosofia, mas são categorias como as do Interessante, do Notável ou do Importante, que decidem sobre o sucesso ou o fracasso" (*QPh?*, 80).

Que significa aplicar a prova do verdadeiro e do falso aos próprios problemas? Qual critério decidirá entre problemáticas rivais? O critério deve, logicamente, decorrer da maneira pela qual a necessidade foi definida: um problema é verdadeiro ou necessário, ou melhor, um problema emerge verdadeiramente quando o pensamento que o coloca é forçado, quando ele padece o efeito de uma violência exterior, quando ele entra em contato com um fora. O [37] critério não é a adequação a dados ou a um estado de coisas exterior, mas a efetividade de um ato de pensar que introduz uma hierarquia no dado. Enquanto criação de pensamento, um problema traz em si sua necessidade ou seu "poder decisório" (*DR*, 257), necessidade ou poder que têm como critério tão somente o deslocamento que ele implica e que dele faz, precisamente, um problema: ele faz pensar, ele força a pensar. O critério, portanto, é simultaneamente a violência e a *novidade* (*QPh?*, 106). Violência e novidade assinalam a contingência e a exterioridade de um encontro que dá lugar a um ato autêntico de problematização, a uma criação de pensamento. A verdade, levada ao nível dos problemas, liberada de toda conexão de adequação a uma realidade exterior pressuposta, coincide com a emergência do novo. Às boas vontades, que se esforçam por dar um sentido ao presente, o pensador opõe uma exigência aparentemente mais modesta e mais formal: pensar *de outro modo* (*F*, 124-128; *QPh?*, 52). O que não significa que o pensamento deixe de ter conexão com o tempo, com suas misérias e suas urgências; mas essa conexão não é aquela na qual se acredita. Pensar é pensar de outro modo. Só se pensa de outro modo.

Porém, o critério da novidade tem o ar conciliador, e parece comprometer a própria possibilidade do falso problema. Então, pelo simples fato de ser novo, todo problema será dito necessário? Mas a expressão "falso problema" designa justamente o que não é um problema, o que não dá testemunho de algum ato verdadeiro de problematização: a ausência de um encontro ou de uma conexão com o fora. Um problema não é dito falso ao cabo de uma confrontação entre diversas formas de problematização e uma realidade supostamente neutra, impassível, indiferente (e Deleuze mostra que, tanto quanto a filosofia ou a arte, a ciência pensa, já que seu próprio "plano de referência" deve ser traçado, de modo que a atividade experimental é totalmente estranha à recognição: *QPh?*, 202 e, sobretudo, cap. V, notadamente 117, 119, 123, 127). Precisaremos compreender em que consiste o falso problema, em que consiste essa avaliação que, por assim dizer, não é uma e que assinalaria a morte de toda avaliação: uma filosofia que recusa o postulado recognitivo deve fundar o critério do verdadeiro e do falso, ou do necessário e do arbitrário, sobre outra coisa que não uma pseudorrealidade exterior — deve fundá-lo sobre uma crítica do *negativo*. [38]

Heterogeneidade

Entretanto, a dificuldade parece concernir menos à possibilidade do novo critério e mais àquilo que, aparentemente, decorre dele: a perda do mundo exterior, um pensamento se não aprisionado em si mesmo, ao menos confinado numa esfera fechada de pura intelectualidade. O resultado não será contrário ao que era desejado? À força de querer afirmar o fora não se cai num aprisionamento ainda pior? O fora invocado nada tem a ver, com efeito, com um mundo exterior: "um fora mais longínquo que todo mundo exterior" (*IT*, 268-271; *F*, 92, 126; *P*, 133; *QPh?*, 59), um "fora não exterior" (*QPh?*, 59).[1] Além disso, quando Deleuze se afirma empirista, porque "trata o conceito como o objeto de um encontro" (*DR*, 3), ele se refere a um empirismo dito *superior* ou

---

[1] Ver, igualmente, *Pli*, 149: um fora da mônada, todavia não exterior a ela. E *F*, 90: as conexões de forças "não estão fora dos estratos, mas elas são o fora deles". Fórmula análoga em *CC*, 16: visões e audições que "não estão fora da linguagem, mas são o fora dela".

transcendental, que apreende uma exterioridade bem mais radical que aquela, totalmente relativa, dos dados sensoriais.

Compreendamos que a existência ou não de um mundo exterior ao sujeito pensante não está aqui em jogo, e que essa questão nem mesmo tem sentido na problemática deleuziana. Que as plantas e as rochas, que os animais e outros homens existam, isso não está em causa. A questão é saber qual é a condição pela qual o sujeito pensante entra em conexão com um elemento desconhecido, e se lhe basta, para tanto, ir ao zoológico, girar o cinzeiro que está em cima da mesa, falar com seus congêneres ou percorrer o mundo. A questão é saber o que determina uma mutação do pensamento, e se é realmente dessa maneira que o pensamento efetua um encontro. Sem dúvida, o *corpo* não é pensamento; sem dúvida, "obstinado, teimoso, ele força a pensar, e força a pensar o que se furta ao pensamento, a vida". Mas seria enquanto objeto exterior, apoiado em sua identidade, que o corpo, próprio ou não, se obstina e resiste ao pensamento? Não seria, sobretudo, pela *heterogeneidade* de suas posturas e de suas aptidões (sono, fadiga, esforços, resistências...)? (*IT*, 246 — e a referência ao cinema de Antonioni [1912-2007]). *[39]* Deleuze não se surpreende que haja corpo — só "existe" o corpo; é o pensamento que deve ser explicado — mas, após Espinosa, ele é surpreendido pelo que pode um corpo (*NPh*, 44; *SPE*, cap. XIV; *D*, 74; *MP*, 314; *SPP*, 28). O que denominamos mundo exterior diz respeito a uma ordem de contiguidade ou de separação, ordem que é a da representação e que subordina o diverso à condição homogeneizadora de um ponto de vista único. A posição de uma realidade exterior, provida de caracteres do Mesmo, e que condena o pensamento ao exercício estéril da recognição, deve ser conectada às regras da representação. A diversidade do panorama nada é, ou permanece relativa, enquanto não se faz variar o ponto de vista ou, mais rigorosamente, enquanto não se põe em jogo a diferença dos pontos de vista.

Pensar desloca a posição subjetiva: não que o sujeito passeie sua identidade por entre as coisas, mas a individuação de um novo objeto é inseparável de uma nova individuação do sujeito. Este último vai de ponto de vista em ponto de vista, mas, em vez de incidir *sobre* coisas supostamente neutras e exteriores, esses pontos de vista são os *das* próprias coisas. Em Deleuze, o problema da exterioridade desemboca num perspectivismo. Todavia, o ponto de vista não se confunde com o sujeito para opor-se ao objeto ("relatividade do verdadeiro"); ao contrário, ele preside a sua dupla individuação ("verdade do relativo"). A reabilitação deleuziana do problema medieval da *individuação* só se compreende em função dessa gênese conjunta e variável do sujeito e do objeto. Do mesmo modo, a exterioridade relativa do mundo representado, exterioridade não só das coisas exteriores relativamente ao sujeito, mas também das coisas exteriores relativamente umas às outras, é ultrapassada em direção a uma exterioridade mais profunda, absoluta: pura heterogeneidade de planos ou de perspectivas.

> "É preciso que cada ponto de vista seja ele mesmo a coisa ou que a coisa pertença ao ponto de vista. É preciso, pois, que a coisa nada seja de idêntico, mas que seja esquartejada numa diferença em que se esvaece tanto a identidade do objeto visto quanto a do sujeito que vê" (*DR*, 79).

Só pouco a pouco é que se poderá esclarecer o que é um ponto de vista, o que significa a heterogeneidade dos pontos de vista: em certo sentido, toda a filosofia de Deleuze está em jogo aí, e nosso estudo tem como única ambição tentar compreender o conceito de "coisa" que *[40]* aí se esboça. O essencial, por agora, é estabelecer essa distinção entre o fora relativo da representação (*extensio*, *partes extra partes*), que oferece ao pensamento apenas uma diversidade homogênea, e um fora absoluto no mundo ou do mundo, mas que escapa à visada de um mundo exterior. Que a heterogeneidade não "exista" fora do pensamento, isto é, que só possa ser apreendida por um ato do pensamento, isso não impede que ela se diga *do* mundo, ou que ela seja concernente às "próprias coisas". A dificuldade, portanto, não é relativa à perda ou não do mundo, mas, sobretudo, à lógica que permitirá pensar o fora, a conexão do pensamento com o fora, a exterioridade das relações. Será que podemos conceber um modo de conexão positiva do pensamento com o desconhecido ou com o não-pensado que dê conta do ato de pensar? Não se trata mais apenas de enunciar a exterioridade da conexão, mas de produzir seu conceito.

Signo 1: pontos de vista e forças

Qual é o estatuto desse objeto não reconhecido e, todavia, encontrado? O que escapa à representação é o *signo*. O mundo exterior devém interessante quando ele faz signo e perde, assim, sua unidade tranquilizadora, sua homogeneidade, sua aparência verídica. E, de certa maneira, com a condição de ser sensível a isso, o mundo não para de fazer signo e se compõe só de signos. Por que, aí, só há encontro com signos? Que é preciso que o signo seja para constituir o objeto de encontro enquanto tal? O que é encontrado não é simplesmente diferente do pensamento (como, por exemplo, uma imagem, um fato etc.), mas exterior ao pensamento enquanto pensamento: é aquilo que o pensamento não pensa, não sabe pensar, não pensa ainda. O encontrado não está em afinidade com o pensamento; ele se recusa a este tanto quanto este se recusa a ele, porque ele não é ainda pensável e o pensamento ainda não tem o desejo de atingi-lo; e, no entanto, ele está lá, ao mesmo tempo impensado ou impensável, e devendo ser pensado, puro *cogitandum* (*DR*, 183, 192, 198). Do mesmo modo, o pensamento não consegue deixar de experimentar sua própria besteira no mesmo momento em que se põe a pensar. O encontro apresenta todos os traços de uma não-conexão, e, todavia, é preciso que "a não-conexão seja ainda uma conexão" (*F*, 70; *P*, 133). *[41]* Encontrar não é reconhecer: é a própria prova do não-reconhecível, o que põe em xeque o mecanismo de recognição (não mais um simples fracasso como no caso do erro).

O signo é essa instância positiva que não somente remete o pensamento à sua ignorância, mas que o orienta, o conduz consigo, o empenha; o pensamento tem certamente um guia, mas um guia estranho, inapreensível e fugaz, e que vem sempre do fora. Nem objeto desdobrado na representação, significação clara ou explícita, nem simples nada, tal é o signo, ou aquilo que força a pensar. Recairíamos na armadilha da recognição se supuséssemos um conteúdo atrás do signo, um conteúdo ainda oculto, mas indicado, como se o pensamento precedesse a si mesmo e imaginasse o conteúdo vindouro oferecido de direito a outro pensamento (o entendimento divino do pensamento clássico, o entendimento do mestre no esquema escolar tradicional).

Implicar é próprio do signo. Deleuze diz também: envolver, enrolar. O signo implica seu sentido, apresenta-o como implicado. Melhor ainda: como movimento mesmo do pensamento, distinto das significações explícitas, o sentido só emerge no signo e se confunde com sua explicação. O signo não implica o sentido sem explicá-lo ou exprimi-lo ao mesmo tempo, de modo que a estrutura do signo ou da expressão se define pelos dois movimentos, o de implicar e o de explicar, movimentos complementares, mais do que contrários: não se explica sem implicar, e inversamente (*PS*, 110; *SPE*, 12; *Pli*, 9, 11). O sentido é como o avesso do signo: a explicação daquilo que ele implica. Mas, então, o que está ao mesmo tempo implicado e é explicado pelo signo-sentido, o que daria conta da unidade ou da identidade do signo e do sentido? Se há signo, se uma profundidade se escava na exterioridade relativa e sem mistério da representação, é justamente porque um elemento heterogêneo surge: outro ponto de vista. "O signo compreende a heterogeneidade" (*DR*, 35). O signo é sempre aquele de *Outrem*, a expressão — sempre aquela de um "mundo possível" envolvido, virtual, incompossível com o meu, mas que deviria meu se, de minha parte, eu devesse outro ao ocupar o novo ponto de vista (*DR*, 334-335, 360-361; *LS*, 357). Veremos mais tarde por que todo e qualquer campo de representação compreende necessariamente signos, isto é, comunica virtualmente com outros campos, com outros pontos de vista. Por agora, contentemo-nos com três observações. *[42]*

O signo surge num campo de representação, isto é, de significações explícitas ou de objetos reconhecidos, implicando o heterogêneo, aquilo que escapa de direito à representação. Eis por que, primeiramente, há implicação do heterogêneo ou do outro ponto de vista (de modo que não pode ser objeto de um ato de recognição). Eis por que, em segundo lugar, pode-se dizer que o sentido, como expressão ou explicação, consiste em estabelecer a comunicação entre dois pontos de vista, planos ou dimensões heterogêneos. Só há sentido nos interstícios da representação, no hiato dos pontos de vista. O sentido é divergência, dissonância, disjunção. O sentido é problema: "acordo discordante", dissonância não resolvida (*DR*, 190; *Pli*, 111-112, 188; e os "cortes irracionais" no cinema, *IT*, 234-237, 242). Em terceiro lugar, finalmente, eis por que o signo-sentido só afeta um sujeito mutante, em devir, despedaçado entre duas individuações. Este último Deleuze o diz "larvar":

> "Assim, não está assegurado que o pensamento, tal como constitutivo do dinamismo próprio do sistema filosófico, possa ser conectado, como no *cogito* cartesiano, a um sujeito substancial acabado, bem constituído: o pensamento é, sobretudo, desses movimentos terríveis que só podem ser suportados nas condições de um sujeito larvar" (*DR*, 156).

Além dos pontos de vista, vimos que Deleuze invocava as forças na definição do signo. O conteúdo explícito de um fenômeno não fornece seu sentido; é preciso conectar esse conteúdo ao ponto de vista avaliador que o afirma (maneira de pensar e de existir); ora, a exposição dedicada ao pensamento nietzschiano assimila força e ponto de vista, ou, pelo menos, vê na força a afirmação de um ponto de vista. Mas por que recorrer ao conceito de força? A força está sempre ligada a uma emergência, a um processo de atualização (*IM*, 139). A "coisa" não é somente ponto de vista, tampouco está somente esquartejada na diferença de pontos de vista; ela é conexão de forças, porque o signo é sensação ou *afeto*, emergência de um novo ponto de vista, exercício sobre um sujeito qualquer. A própria noção de afeto remete a uma lógica das forças.

O conceito de força é enunciado em dois tempos:

> 1) "Toda força está, portanto, numa conexão essencial com outra força. O ser da força é o plural; seria propriamente absurdo pensar a força no singular. Uma

força é dominação, mas também o objeto sobre o qual uma dominação se exerce" (*NPh*, 7). "A força nunca está no singular, sendo-lhe essencial estar em conexão com outras *[43]* forças, de modo que toda força já é conexão, isto é, poder: a força não tem outro objeto ou sujeito que não a força" (*F*, 77).

2) "A conexão das forças é determinada em cada caso à medida que uma força é *afetada* por outras, inferiores ou superiores. Daí se segue que a vontade de potência se manifesta como um poder de ser afetado" (*NPh*, 70). "A própria força se define pelo seu poder de afetar outras forças (com as quais está em conexão), e de ser afetada por outras forças" (*F*, 78).[NT]

A força só existe em relação, isto é, em exercício. E ainda mais: ela está em relação com outra força, pois seus efeitos superiores são de dominação e não de simples destruição. Donde sua irredutibilidade à violência, que consiste em destruir uma forma, em decompor uma conexão. O conceito de violência considera a força enquanto exercida sobre um ser determinado, sobre um objeto (*F*, 77; *P*, 159). Reduzir a força à violência é tomar por originário o derivado ou a sombra da conexão real. Fazer isso é não só deixar de ver que uma força se exerce primeiramente sobre outra força, mas de compreender o fenômeno do afeto, isto é, de uma força que se exerce sobre outra, menos para destruí-la do que para induzir um movimento. Sem dúvida, trata-se de um "movimento forçado", que marca uma obediência ou uma submissão: contraditória seria a ideia de um afeto voluntário; esse movimento não deixa de ter um efeito positivo que não se explica pela destruição. Não há dúvida, também, de que esse movimento anula outros, impondo, assim, uma forma nova incompatível com a antiga; mas

---

[NT] [Nas duas edições do livro de Zourabichvili, a transcrição do texto deleuziano mantém no singular os termos "inferior" e "superior". Pusemos no plural em conformidade com o próprio texto original de Deleuze.]

é esse, justamente, o signo de que a violência é "um concomitante ou um consequente da força, mas não um constituinte" (F, 41). Deleuze, portanto, não quer dizer que a força nada tenha a ver com a violência; ele diz que a força, sendo essencialmente a instauração de uma conexão, não poderia definir-se pela relação exclusivamente negativa de violência.

Ele vai inclusive mais longe até, pois, com Nietzsche, empreende a gênese do uso exclusivamente negativo da força. O que se há de compreender, com efeito, é que a força, em certos casos, possa ter tão somente a violência ou a dominação como finalidade: uma força que, para afirmar, negue antes de afirmar; uma força que só encontre a negação como meio de afirmar. Não se dirá de tal força que ela age, mas que re-age, impotente *[44]* para comandar de modo absoluto, para exercer-se sem condições, para *criar*. Uma força nunca manifesta tanto sua fraqueza e sua propensão a obedecer do que quando sua vontade está reduzida ao querer-dominar:

> "É próprio dos valores estabelecidos serem colocados em jogo numa luta, mas é próprio da luta conectar-se sempre a valores estabelecidos: luta pela potência [*puissance*], luta pelo reconhecimento ou luta pela vida, o esquema é sempre o mesmo. Ora, nunca é demais insistir no seguinte ponto: *quão estranhas são a Nietzsche e à sua concepção da vontade de potência as noções de luta, de guerra, de rivalidade ou mesmo de comparação*. Não que ele negue a existência da luta; mas de modo algum esta lhe parece criadora de valores" (NPh, 93).

> "Quando o niilismo triunfa, então, e somente então, a vontade de potência deixa de querer dizer 'criar', mas significa: querer a potência, desejar dominar (portanto, atribuir a si ou fazer com que se lhe atribuam os valores estabelecidos, dinheiro, honras, poder [*pouvoir*]...)" (N, 27).

Donde uma afinidade profunda entre o contrassenso sobre o conceito de força, que consiste em reduzir esta última à violência, e a utilização da força unicamente como negadora. Não é de estranhar que a leitura humanista "antinietzschiana" de Nietzsche se assemelhe à leitura nazista, ao ponto de com ela confundir-se.

Da natureza relacional da força decorre seu atributo principal: um *poder de afetar e de ser afetado*. Deleuze vê nisso uma intuição comum a Nietzsche e a Espinosa (*SPE*, cap. XIV; *SPP*, *passim*). Os conceitos de força e de afeto estão em conexão lógica, na medida em que a força é justamente o que afeta e é afetado. Todo afeto implica uma conexão de forças, é o exercício de uma força sobre outra e o padecer que disso decorre. A força não é somente potência afetante, mas potência afetada, matéria ou material sensível sobre o qual se exerce uma força. A potência é clivada, ora ativa, ora passiva. Assim sendo, "poder" já não tem o sentido ordinário de posse ou de ação, mas se conecta antes de tudo à sensibilidade: "A força está em conexão estreita com a sensação" (*FB-LS*, 39; *NPh*, 70-72); "A força não é o que age; é, como o sabiam Leibniz [1646-1716] e Nietzsche, o que percebe e sente" (*QPh?*, 124). Eis por que, quando consideramos uma matéria enquanto afetada, não mais podemos falar em termos de objeto: *[45]* já nos encontramos no elemento das forças. A propósito de Francis Bacon [1909-1992], Deleuze mostra como a pintura, quando se dedica a "reproduzir" ["*rendre*"] a sensação, enfrenta um problema novo: "pintar as forças" (*FB-LS*, rubricas VI e VII). Ela abandona então o corpo formado, figurativo, para chegar por meio de deformações à figura, isto é, a um corpo que não mais se define por partes funcionais (órgãos), mas por zonas de intensidade, que são limiares ou níveis, compondo um "corpo intenso" ou "sem órgãos" (*FB-LS*, rubricas VI e VII).

Por que a teoria do sentido e do pensamento tem necessidade de uma lógica das forças? Porque pensar está numa conexão fundamental com o afeto. Não se pensa sem ser sensível a algo, a signos, a isto mais do que àquilo, contrariamente à opinião, assaz propalada em filosofia, segundo a qual há tão pouco compromisso possível entre paixão e pensamento (compreendido como razão) quanto entre violência e discurso. Pensar começa com a diferença:

"alguma coisa se distingue" (*DR*, 43), faz signo, e se distingue como envolvida, implicada — *distinto-obscuro* (*DR*, 43, 191, 275). Há problema e sentido em função de um signo que o pensamento encontra, e que fratura a unidade do dado, introduzindo uma diferença de ponto de vista. Isso quer dizer que o pensamento não avalia enquanto permanece aprisionado num ponto de vista, enquanto representa para si as coisas a partir desse ponto de vista. Sem dúvida, essa representação implica uma clivagem, uma repartição de valores que remete a um ato de avaliação passado; mas esse ato, completamente explicado, desenvolvido, objetivado, deixou de ser sensível. A cada ponto de vista corresponde, sem dúvida, um problema, mas que remete à diferença originária dos pontos de vista: só se problematiza — só se pensa — vindo-se ao ponto de vista, mudando-se de ponto de vista (teremos de compreender por que cada ponto de vista remete virtualmente a outros pontos de vista). Pensar nunca será engendrado no pensamento, se este não for inicialmente afetado. Os três conceitos, o de forças, o de fora e o de afeto são solidários: encontrar o fora é sempre ser forçado, involuntariamente afetado; ou melhor, um afeto é involuntário por natureza, pois vem de fora, implica um encontro, é o indício de uma força que se exerce do exterior sobre o pensamento. *[46]*

Campo transcendental, plano de imanência

Um encontro é um afeto, ou, dito de outro modo, um signo que põe em comunicação os pontos de vista e os torna sensíveis enquanto pontos de vista. O signo força o pensamento, conecta-o com novas forças. Enquanto pensa, o pensamento está afetado: "Pensar depende das forças que se apoderam do pensamento" (*NPh*, 123). Será preciso compreender que o próprio pensamento, como faculdade, é uma força? Considerado independentemente do signo ou do encontro, o pensamento aparece como simples *faculdade*; mas trata-se aí de uma visão abstrata, ou então do estado de um pensamento que está "separado do que ele pode", e que, por conseguinte, pensa abstratamente, limitando-se a refletir sobre os dados da representação. Para Deleuze, o estado de simples faculdade, de simples possibilidade sem capacidade efetiva, não é natural ou originário. Da rejeição da imagem dogmática não se deve concluir tão somente que o pensamento não pensa por si mesmo, mas, também, que ele nem mesmo é, *a priori*, uma faculdade (teremos de compreender em que consiste o surgimento do pensamento e em que condições ele recai no estado de faculdade).[1]

No estado de simples faculdade, o pensamento opera abstratamente, reflexivamente, no horizonte fechado da representação: ele não é afetado e não se ocupa de forças. Quais são, então, essas forças que se apoderam dele? Apoiando-se no recorte "histórico" de Foucault (três acontecimentos ou devires maiores que afetam o pensamento ocidental desde o século XVII), Deleuze propõe exemplos: forças de elevação ao infinito no século clássico, sob o império das quais o pensamento elabora um *[47]* "composto-Deus"; forças de finitude no século XIX, que inspiram um "composto-Homem"; e, talvez hoje, forças do finito-ilimitado... (*F*, 140). Cabem duas observações a respeito desses exemplos.

Primeiramente, todas essas forças são "forças do fora", que exercem violência sobre forças do dentro, "forças no homem" ou faculdades. Mas este aparente dualismo encontra sua razão de ser numa gênese do negativo ou do reativo. Assim, as primeiras devem ser compreendidas como *forças ativas*, as segundas como *forças reativas*, conforme o esquema extraído de Nietzsche (*NPh*, cap. II e IV). Veremos, mais adiante, que é próprio das forças reativas negar a heterogeneidade ou a exterioridade das conexões, retrancar

---

[1] Em *Diferença e repetição*, Deleuze parece supor uma faculdade do pensamento puro, mas ele deixa claro que "nosso tema não é aqui o estabelecimento de uma doutrina das faculdades" (*DR*, 187). Note-se que, no livro *Foucault*, o pensamento está ausente da enumeração das "forças no homem" (*F*, 131, 139): é que pensar é polimórfico, e não se conecta a uma faculdade especial, mas se confunde com o devir-ativo das faculdades; para Deleuze, as artes e as ciências pensam tanto quanto a filosofia. O propósito de *Diferença e repetição* era, aliás, mostrar como pensar engendra-se numa disjunção das faculdades, elevadas ao seu exercício superior: o mesmo tema é retomado em *Foucault* (a disjunção entre ver e falar).

o ponto de vista sobre si e impedir o afeto (o pensamento valoriza, então, a interioridade: imagem dogmática). Em outros termos, as "forças do fora" recebem esse nome não apenas por virem de fora, mas porque colocam o pensamento em estado de exterioridade, lançando-o num campo onde os pontos de vista entram em relação, onde as combinações homogêneas de significações cedem lugar a conexões de forças no próprio sentido.

Em segundo lugar, as forças que se apoderam do pensamento são as do próprio sentido. Compreendemos agora que Deleuze possa dizer que o sentido insiste no pensamento como o fora deste, ou, ainda, que ele é propriamente o fora do pensamento, ainda que não exista fora deste. As forças não são exteriores ao pensamento; elas são o fora deste. Pensar consiste na emergência do sentido como força: o pensamento clássico é afetado pelo infinito, "ele não para de perder-se no infinito" (F, 132); o infinito deixa de ser uma simples significação para devir o próprio acontecimento do pensamento, aquilo que o obseda e o inspira, aquilo que ele encontra e com o que ele não para de se chocar. O campo das forças é exatamente o campo onde se produz o sentido — campo *transcendental*.[1]

O encontro com o signo apresenta-se, portanto, assim: 1) violência é feita ao composto de significações existente, ao meio homogêneo onde o pensamento se exerce facultativamente; 2) o pensamento *[48]* devém ativo porque sente uma conexão de forças entre pontos de vista. O encontro, portanto, suscita uma dupla leitura: a que leva em conta a violência exercida sobre uma forma, ou a que leva em conta a nova conexão de forças que é subentendida pela violência e da qual esta é o concomitante:

> "Nunca é o composto, histórico e estratificado, que se transforma, mas, sim, as forças componentes, quan-

---

[1] Lembremos que a palavra "transcendental", que não deve ser confundida com "transcendente", reporta-se, desde Kant, a um questionamento que incide sobre as *condições* nas quais o pensamento faz uma experiência, isto é, entra em conexão com o que não depende dele.

do entram em conexão com outras forças, saídas do fora (estratégias). O devir, a mudança, a mutação concernem às forças componentes e não às formas compostas" (F, 93).

O encontro pode ser localizado tanto no limite do pensamento-faculdade quanto num campo de exterioridade radical: esta ambiguidade assinala a conexão problemática do sujeito e do pensamento. Devindo campo de forças ou campo de pontos de vista heterogêneos, o campo transcendental não é mais regido pelo ego; sub-representativo, não tem mais a forma de uma consciência (LS, 120, 124). Inversamente, Deleuze pode tomar Kant ao pé da letra e censurar-lhe o ter produzido tão somente as condições da experiência possível e não real, o haver descrito o campo transcendental de um pensamento que reflete, mas não pensa, que reconhece objetos, mas não distingue signos, em suma, um pensamento que nada encontra (não faz experiência). Kant concebe o campo como uma forma de interioridade, "decalca" o campo transcendental sobre a forma empírica da representação (identidade do objeto qualquer e unidade do Eu penso como correlato). Husserl, sobre esse ponto, de modo algum rompe com ele (LS, 14^a e 15ª séries).

O campo transcendental é impessoal, assubjetivo, inconsciente. O ato de pensar não é certamente inconsciente, mas se engendra inconscientemente, aquém da representação. O encontro disjuntivo das forças ou pontos de vista só ocorre na consciência em estado implicado (signo, afeto, intensidade). "O pensamento só pensa a partir de um inconsciente" (DR, 258). É neste sentido que a atividade filosófica — formar conceitos — ocorre sempre no meio, e não é senhora do seu começo: o pensamento devém paradoxalmente ativo quando o sujeito se faz "paciente"; o ato de pensar se engendra numa *síntese passiva*. Segundo Deleuze, aliás, o inconsciente é tão somente esse campo informal onde as forças entram em conexão, campo que não comporta [49] nem formas nem representações, e que se "assemelha" mais a uma fábrica do que a uma cena de teatro. Édipo não estrutura *a priori* o campo afetivo, mas constitui somente a forma sob a qual esse campo está submetido a um processo de clausura ou de interiorização, de modo que "a relação familiar devém 'metafórica de todas as outras'" (*AOE*, 31, 363 ss.).^NT

Quando Deleuze fala do Fora, esta palavra tem dois sentidos complementares: 1. o não-representável, ou o fora da representação; 2. a própria consistência do não-representável, a saber, a exterioridade das relações, o campo informal das relações. Deleuze denomina *plano de imanência* esse campo transcendental, onde nada está suposto de antemão, salvo a exterioridade, que recusa justamente todo pressuposto:

> "Dir-se-ia que O plano de imanência é ao mesmo tempo o que deve ser pensado e o que não pode ser pensado. Seria ele o não-pensado no pensamento. É a base de todos os planos, imanente a cada plano pensável que não chega a pensá-lo" (*QPh?*, 59).

^NT [A referência aparece na p. 366 da edição original de *O anti-Édipo*. Dizem Deleuze e Guattari: "As operações formais da estrutura são as da extrapolação, da aplicação, da bi-univocização, que assentam o conjunto social de partida sobre um conjunto familiar de chegada, com o que a relação familiar devém 'metafórica de todas as outras', impedindo os elementos produtivos moleculares de seguirem sua própria linha de fuga". Tudo indica que a passagem entre aspas simples é de autoria de André Green, *Un oeil en trop*, Paris, Minuit, 1969, embora os autores não anotem a página de sua incidência.]

Capítulo III
IMANÊNCIA
[50]

Retornemos à questão do falso problema, deixada em suspenso. Afirmar uma conexão autenticamente exterior entre o pensamento e o que ele pensa (conquanto não o pense) era aplicar a prova da verdade nos próprios problemas: o sentido de uma tese, ou seu teor de verdade, aparece quando a conectamos ao ato problemático de que ela depende. A necessidade — ou verdade — depende de um ato de pensar, depende da capacidade efetiva do pensamento enfrentar um fora e, por conseguinte, colocar um problema novo do qual decorrerá certo número de enunciados. Porém, se todo ato de pensar é um problema, um verdadeiro problema, se o devir da filosofia dá testemunho de inovações mais do que de um progresso, como é ainda possível uma crítica? E se a crítica consiste na denúncia de falsos problemas, como dar conta da possibilidade deles? Em outros termos, que é um não-sentido?

Crítica do negativo: o falso problema

"O espírito falso, a própria besteira, se define antes de tudo por suas perpétuas confusões entre o importante e o desimportante, o ordinário e o singular" (*DR*, 245). Deleuze fala de inversão ou de imagem revertida do problema, mas como distinguir o importante do desimportante se o critério é o próprio ato de avaliar? Os problemas não estão dados e não há *[51]* padrão neutro ou objetivo que permita consignar um avesso e um direito... Mas a questão não é essa, e a besteira consiste menos numa permutação do importante pelo desimportante do que na indiferença a seu respeito, na incapacidade de distingui-los e, por conseguinte, de distinguir seja lá o que for. O falso problema advém de uma impotência para avaliar; ele é uma maneira de refletir e de interrogar sem se pôr a pensar. Deleuze extrai de Nietzsche um esquema lógico capaz de fornecer um critério em conformidade com as condições que ele próprio colocou: um falso problema é uma sombra, uma enunciação secundária que só afirma negando. O falso problema não é um ato de pensar, ele não cria, mas remete a um ato criador que ele desnatura, revolvendo-o, revertendo-o. A inversão consiste em tomar como originária uma afirmação derivada, em tomar a *negação* como motor do pensamento (*NPh*, 206): a besteira, o não-sentido, o falso problema dão testemunho de uma promoção do negativo. O falso problema não é mal colocado, ele nada coloca, ele acredita fazer o movimento, porém move tão somente sombras.

Certamente, de início, Deleuze tem em vista aqueles que vivem do trabalho dos outros e lançam mão da crítica para receber o estatuto de pensadores: os amantes de *discussões* e de *objeções*, que têm tempo suficiente para se ocupar dos problemas dos outros, instruir seu processo, pedir que se expliquem e prestem contas. À falta de uma criação problemática própria, que tornaria sensível uma diferença de pontos de vista ou de problemas e liberaria uma potência de avaliar, eles só podem julgar, atribuir valores estabelecidos retirados de problemáticas antigas que eles convertem em referências, que eles elevam à transcendência (os famosos "retornos a..."). A alternativa *julgar/avaliar* define o problema prático, e nós devemos escolher entre uma atitude moral, que conecta a existência a uma oposição de valores transcendentes (Bem/Mal), e uma atitude ética que experimenta a diferença qualitativa e intensiva dos modos de existência, ordenando sua tipologia na escala imanente diferenciada do bom e do ruim (*SPE*, cap. XV; *SPP*, 35, 58; *CC*, cap. VI e XV). O juízo dá testemunho do liame entre o postulado de transcendência e o primado atribuído ao negativo; a crítica, então, é primeira, e conta-se com ela para progredir no pensamento. Ao contrário, o ponto de partida da avaliação está na diferença *[52]* sentida entre maneiras de avaliar (ponto de vista, problemas), de modo que a crítica decorre de um primeiro ato positivo.

Isto quer dizer que a questão não se aplica ao bem fundado ou não da crítica em geral, mas sobre seu papel ou seu lugar na atividade intelectual: é ela causa ou consequência no devir do pensamento? Assim, a violência do que força a pensar se converte em agressividade crítica em face de uma problemática ainda presente, mas já comprometida. O interesse da crítica aparecerá mais adiante, a propósito da "decepção"; por ora, assinalemos que ela só tem sentido em função de um ato de ruptura já desencadeado: passou--se a outro plano, critica-se sempre a partir de um outro ponto de vista. A parte crítica de uma filosofia, tanto quanto sua parte conceitual positiva, depende de um ato de pensar que, de súbito, situa o filósofo *alhures*. Ela mede o desvio que separa essa filosofia daquelas que a precederam, mostra como um problema ou um conceito perderam algo do seu sentido do ponto de vista do ato novo (ver ES, 118-126). Aliás, é por isso que, vista do criticado, a crítica sempre parece inofensiva. O espinosismo não decorre de uma crítica do cartesianismo, mas pode criticar este último porque dele se separa e mede a incompatibilidade de dois pontos de vista; inversamente, a crítica espinosista pouco importa do ponto de vista de Descartes. A conexão de exterioridade, que separa duas filosofias, impede de ordená-las a título de "momentos" de uma história; com efeito, fazer isso equivaleria a levar em conta apenas a crítica, atribuindo a esta um papel motor que não lhe cabe, como se A filosofia se modificasse e avançasse por desenvolvimento e retificação. Será irênica, conciliadora, tal concepção? Não, evidentemente, pois a incompatibilidade dos pontos de vista a mantém à igual distância do ecletismo e do ceticismo, e é acompanhada por um critério avaliador imanente: a exterioridade e sua afirmação.

A discussão é censurada por Deleuze pelo seu absurdo, pela sua inutilidade, pois ela repousa sobre mal-entendidos, e, ao mesmo tempo, pela intolerância, pela malevolência ou pela violência reativa que ela implica (e que seus partidários dissimulam sob a exigência, em princípio pacífica, de um consenso democrático). Ele diagnostica: a discussão só é possível quando mantida no nível da proposição (parecer, tese), sem que isto seja conectado a uma problemática que lhe daria eventualmente um sentido; ou, ao contrário, ao separá-la da *[53]* problemática que lhe dava um sentido (redução de um enunciado filosófico a uma opinião). Eis por que as objeções feitas aos filósofos advêm, na maior parte das vezes, de uma lógica de mesa de bar: uma seleção da opinião verdadeira por recognição, seleção que oscila entre dois critérios, adesão e juízo, coincidência com a opinião "comum" (isto é, majoritária) e participação em uma Ideia transcendente (*QPh?*, 137-142; *CC*, 170-171). Veremos que, à imagem escolar e abstrata, vagamente socrática, de um trabalho filosófico baseado no diálogo como discussão, Deleuze opõe outra concepção do intercâmbio, definido como "ato de fabulação" ou "discurso indireto livre" (ver, bem entendido, *Dialogues*). Como é pouco assimilada essa crítica da discussão, transcrevemos longas citações a seguir:

"Todo filósofo foge, quando ouve a frase: vamos discutir um pouco. As discussões são boas para as mesas-redondas, mas é sobre outra mesa que a filosofia joga seus dados cifrados. O mínimo que se pode dizer das discussões é que elas não fariam avançar o trabalho, já que os interlocutores nunca falam da mesma coisa. Que alguém tenha tal opinião, e pense isto ao invés daquilo, o que pode importar para a filosofia, na medida em que os problemas em jogo não são ditos? E quando são ditos, não se trata mais de discutir, mas de criar indiscutíveis conceitos para o problema que nós nos consignamos. A comunicação vem sempre muito cedo ou tarde demais."
"Quando um filósofo critica outro, é a partir de problemas e de um plano que não eram aqueles do outro, e que fazem fundir os conceitos antigos, como se pode fundir um canhão para fabricar a partir dele novas armas. Nunca estamos sobre o mesmo plano. Criticar é somente constatar que um conceito se esvanece, perde seus componentes ou adquire outros que o transformam, quando é mergulhado em outro meio. Mas aqueles que criticam sem criar, aqueles que se contentam em defender o que se esvaiu, sem saber dar-lhe as forças para retornar à vida, são a chaga da filosofia" (*QPh?*, 32-33).

"Estritamente, a filosofia nada tem a ver com uma discussão; já se tem bastante dificuldade em compreender qual é o problema que cada um coloca e como o coloca, sendo preciso apenas enriquecê-lo, variar suas condições, acrescentar, ajustar, jamais discutir" (*P*, 191).

"Já é difícil compreender o que alguém diz. Discutir é um exercício narcísico em que cada um, na sua vez, se exibe: e logo em seguida já não se sabe do que se fala. É muito difícil determinar o problema a que tal ou qual proposição corresponde. Ora, quando *[54]* se compreende o problema levantado por alguém, não há necessidade alguma de discutir com ele: ou levanta-se o mesmo problema ou, então, levanta-se outro; e, com isso, o que se tem é sobretudo a necessidade de avançar um ao lado do outro. Como discutir se não se tem um fundo comum de problemas, e por que discutir quando se tem um? Tem-se sempre as soluções merecidas conforme os problemas levantados. As discussões representam muito tempo perdido para problemas indeterminados. Quanto às conversações, elas são outra coisa. Sem dúvida, é preciso estabelecer a conversação. Mas a menor conversação é um exercício altamente esquizofrênico, exercício que se passa entre indivíduos que têm um fundo comum e um grande gosto pelas elipses e pelos atalhos. A conversação implica repouso segmentado por longos silêncios; ela pode dar ideias. Mas de modo algum a discussão faz parte do trabalho filosófico. Há um terror na fórmula 'vamos discutir um pouco'." (Entrevista com Didier Éribon, *Le Nouvel Observateur*, 12-18 de setembro de 1991.)[NT]

[NT] [Com o título "*Nous avons inventé la ritournelle*" ("Nós inventamos o ritornelo"), essa entrevista foi republicada como texto n° 60 em *Deux régimes de fous*, organização de David Lapoujade, Paris, Minuit, 2003, pp. 353-6 (tr. br.: *Dois regimes de loucos*, São Paulo, Editora 34, 2016). A passagem aparece na p. 355 de *Deux régimes de fous*.]

A moral da discussão consiste em atribuir à crítica um papel que ela não tem, em enganar-se a respeito da sua função, em inverter a real hierarquia, atribuindo ao negativo o que cabe à afirmação. O falso problema por excelência consiste, portanto, em fazer do negativo o próprio motor do pensamento — razão pela qual o hegelianismo é a corrente de pensamento mais desacreditada entre todas por Deleuze, aquela com a qual não é possível compromisso algum (ver, notadamente, *NPh*, 9, 180 ss., 223; *DR*, 1, 213).

Deleuze considera que a retomada do tema do senhor e do escravo, em Nietzsche, permanece ininteligível enquanto não é reinserida em seu quadro polêmico ou crítico: a recusa de uma concepção dialética da conexão de forças. Hegel "dialetizou a relação": segundo ele, os termos religados se conectam um com o outro tão somente pelo negativo, cada um negando o outro; portanto, só há conexão de forças no modo da contradição. Ora, tal conceito de relação é incompatível com a ideia de um encontro radical, pois, como motor, a negação implica que o outro já esteja compreendido em cada termo como "tudo o que ele não é" — implica, pois, que a identidade de um Todo esteja antecipadamente dada. Na relação dialética, a diferença só é pensável em função do Todo como pressuposto implícito. A alteridade, assim, envolve a infelicidade e a abstração: em vez de encontros ocasionais — alógicos, fora do conceito — num campo de exterioridade pura, ela pressupõe uma cisão, sendo tão só a sombra do Mesmo. As relações são interiores ao Todo: impelindo a diferença até a contradição, Hegel a subordina *[55]* ao idêntico. A pressuposição implícita do Todo é, para Deleuze, uma razão suficiente para não acreditar no movimento prometido pela dialética, pois ela compromete de antemão a temporalização da verdade. Essa pressuposição deixa pairar definitivamente sobre o hegelianismo a suspeita de um círculo, por meio do qual encontra-se no fim aquilo de que se partiu; nessas condições, a passagem do abstrato ao concreto corre o risco de ser apenas um "falso movimento", e o negativo apenas um pseudomotor.

O negativo supõe o idêntico, e participa, assim, da imagem dogmática do pensamento. Mas Deleuze vai mais longe. A dialética não é um simples avatar dessa imagem, mas seu remate, sua mais consequente e acabada expressão (*DR*, 213). O negativo não fracassa apenas em mover o pensamento, mas é o sintoma por excelência de um pensamento que não se move, habitado pela preocupação primordial de conservar. É só à primeira vista que o hegelianismo é um fracasso, do ponto de vista de um projeto que era fazer o movimento, introduzir o devir no pensamento. No fundo, ele exalta perfeitamente o interesse das forças que o animam — conservar (inclusive, e talvez antes de tudo, precisa Deleuze, no sentido moral e político).

É aqui que a análise de Nietzsche ganha seu sentido. Não se trata de contradizer brutalmente Hegel, afirmando que a conexão senhor-escravo não é dialética, mas de mostrar que só de um lado ela é dialética, do ponto de vista do escravo. Hegel tem parcialmente razão: ele enuncia o ponto de vista do escravo. Mas ele coloca mal o problema, pois a conexão concerne antes de tudo a *pontos de vista*. Ora, ao invocar uma relação entre pontos de vista, não somente se muda a natureza dos termos como se faz com que o ponto de vista sobre a relação se torne interior à própria relação que, assim, encontra-se desdobrada. Deste modo, num primeiro tempo, a questão já não consiste em afirmar que a conexão das forças é ou não é dialética em si. Ela o é do ponto de vista do escravo, porque este só se afirma em função do senhor (obediência); o escravo compreende a conexão com o senhor em seu conceito, pois seu modo de afirmação é essencialmente relativo. Mas de modo algum a conexão é dialética do ponto de vista do senhor, que se afirma absolutamente (criação), afirmação que só secundariamente está em conexão com o escravo (vimos que o fenômeno da dominação nem sempre se explicava por um [56] querer-dominar, que implica uma inversão dos papéis, devindo a violência causa ou agente em vez de consequência ou concomitante). Assim, o contrassenso sobre a força vem do escravo: ele só é concebível do ponto de vista que conserva e que obedece.

Porém, ao invocar um contrassenso, não se estará apostando sempre, em última instância, na natureza da relação? O desafio deleuziano é o seguinte: conceber uma hierarquia no quadro de um relativismo ou, o que dá na mesma, conceber um perspectivismo não relativista. Deleuze insiste na necessidade de não confundir a ideia banal e contraditória de uma verdade variando segundo o ponto de vista, com a ideia — devida a Leibniz e a Nietzsche — de uma verdade relativa ao ponto de vista, de modo que não há equivalência entre todos os pontos de vista (*Pli*, 27, 30).[1] Num primeiro tempo, o sentido é pluralizado segundo os pontos de vista; depois, um dos sentidos é selecionado como verdade superior.

Neste caso, estamos diante do problema da conexão de forças, e se trata de mostrar por que o negativo só pode derivar da afirmação. A resposta ou o argumento está na própria diferença dos pontos de vista. O desequilíbrio a favor do senhor, a favor da exterioridade da relação ou de um primado da afirmação, vem do fato da diferença dos pontos de vista só aparecer de um ponto de vista, o do senhor. O perspectivismo não pode conduzir a uma relativização do verdadeiro, pois ele nos apresenta pontos de vista que o negam: não se pode afirmar a diferença dos pontos de vista sem estabelecer, por isso mesmo, sua desigualdade. Portanto, o perspectivismo predispõe à evidência de um critério. Será que se pode, então, acusá-lo de permanecer fora de critério?

Em suma, a questão é saber se o senhor e o escravo correspondem, ou não, a pontos de vista diferentes. É aqui que intervém a lógica das forças. Com efeito, uma conexão de forças é desigual por natureza, implica um fenômeno de dominação, uma força que afeta (ativa) e uma força afetada (passiva ou reativa). Esse fenômeno, enquanto tal, não produz ainda uma diferença de ponto de vista, pois a força dominada, *[57]* vencida, limita-se a obedecer ou a ser afetada, ou seja, a afirmar o ponto de vista único, o do senhor. O que devemos compreender é o que Hegel supõe logo de saída: uma vontade de reconhecimento, uma vontade que se afirma levando em conta uma outra. Buscar o reconhecimento da outra,

---

[1] É frequente tomar como adeptos do niilismo os pensadores que, precisamente, o diagnosticam, traçam o seu quadro clínico e se esforçam por ultrapassá-lo sem se contentar em eliminar o problema do relativismo. Esse obstinado contrassenso dá testemunho da dificuldade em renunciar à alternativa dogmática da transcendência e do caos.

conceber a dominação como obtenção do reconhecimento, o que dá testemunho de uma força impotente para comandar — para começar — absolutamente. O senhor hegeliano parece "um escravo bem-sucedido" (*NPh*, 11). Hegel não pensa a sujeição em sua origem, ele nos põe em presença de forças já submetidas que podem, então, entrar numa conexão dialética em que já não se sabe muito bem quem domina o outro, e na qual, verdadeiramente, só domina o negativo, graças ao qual cada uma das forças carece da outra, nada é sem a outra. É preciso, portanto, remontar à originária conexão de forças, até o limiar em que comando e obediência, ação e reação, se diferenciam. Ora, uma conexão de forças supõe uma ação e uma reação, uma força que se afirma ao exercer-se sobre outra, devindo senhora dessa força e de sua vontade, impondo-lhe sua própria vontade. Tal conexão não supõe ainda uma negação (afirmar-se pela negação da outra): dominar, como já ressaltamos, é, enquanto tal, uma relação positiva, produtora de um efeito novo. Portanto, a negação só entra no conceito de conexão de forças a título de consequência, pelo menos na origem, e, de direito, essa conexão é exterior aos seus termos (ainda que estes, inversamente, lhe sejam interiores, pois só se definem em relação):

> "Uma relação, mesmo essencial, entre um e outro não basta para formar uma dialética: tudo depende do papel do negativo nessa relação. Nietzsche diz bem que a força tem outra força como objeto. Mas, precisamente, é com *outras* forças que a força entra em relação" (*NPh*, 9).

Não estamos ainda diante de pontos de vista, mas apenas de termos originariamente exteriores um ao outro. A diferença de perspectiva exige a interiorização da relação: é preciso que o negativo não seja mais uma simples consequência, mas o próprio móbil da força. Como é possível que uma força chegue a negar de início, e a encontrar na negação da outra o princípio mesmo de sua própria afirmação? Isto só é possível pelo fato de uma força incluir a outra em sua vontade, ou obedecer-lhe. Fazer o *[58]* movimento negando, seja no pensamento ou na vida, é a esperança de uma força submetida. Então, aparece um ponto de vista diferente daquele do senhor, ponto de vista que afirma à força de negar (em vez de negar por afirmação). A luta pode ser agora retomada num outro nível: nem por isso o escravo devém ativo, capaz de uma afirmação pura, mas luta difundindo seu ponto de vista, insuflando a reação na própria força ativa, *separando-a do que ela pode* (*NPh*, 64). Do ponto de vista do escravo, com efeito, a repartição do ativo e do reativo não é revertida; são todas as forças em conjunto — senhor e escravo — que devêm reativas e que estão em conexão agora tão somente pelo negativo. Vê-se de que maneira o perspectivismo não só hierarquiza os pontos de vista, como escapa ao perigo do círculo: o próprio terreno em que Hegel se coloca, o da conexão de forças, defende uma diferença de pontos de vista.

Quais são as consequências disso para uma teoria do pensamento? O negativo aparece como o *falso problema* por excelência: o ponto de vista das forças reativas sobre o encontro — forças de consciência ou de representação. "O negativo é uma ilusão: é somente a sombra dos problemas" (*DR*, 261). A sombra dos problemas, isto é, entre outras coisas, sua insistência necessariamente desnaturada no mundo da representação. O pensamento que enfrenta um problema, buscando determinar-lhe as condições, só negativamente pode representá-lo a si, porque a positividade dos signos não é representável. Dos signos, só permanece uma sombra na representação, a sombra do negativo: é disso que se trata tanto na fórmula segundo a qual nós *não* pensamos *ainda* aquilo que, no entanto, nos força a pensar, quanto na representação do desejo como falta. Eis por que o hegelianismo não é um erro, mas um fenômeno ao mesmo tempo pior e mais interessante: o desenvolvimento de uma ilusão necessária, transcendental. Era inevitável que Hegel viesse a atribuir ao negativo o papel de motor no pensamento, ele que buscava introduzir o movimento no pensamento, mas permanecendo no nível da representação (*DR*, 18). Sem dúvida, o negativo é a melhor maneira de representar o movimento; mas de representá-lo, justamente, e não fazê-lo. E, de maneira mais geral, como representar a si o pensamento, a não ser enfrentando paradoxalmente o que ele não pensa? Como representar a si o desejo, a não ser *[59]* como uma falta? Como, nessas condições, não sacrificar a efetividade de ambos, a saber, o júbilo sempre mutante de sua vagabundagem ao sabor dos signos ou das forças do fora, reduzindo-os à sua sombra monótona? (O homem da representação, danado ou neurotizado, só percebe na diversidade dos signos o reverso rebarbativo que sempre remete ao mesmo — *a* negação, *a* falta.)

A apreensão de um problema se choca, assim, com o paradoxo que Platão gostava de enunciar ao mesmo tempo em que o ultrapassava: como buscar o que não conhecemos, se por definição nem mesmo sabemos o que buscamos? Ao menos aí se choca enquanto busca a solução de um problema numa reflexão sobre conteúdos dados e representáveis. Ocorre a Deleuze representar assim o esforço do pensador:

> "Como escrever de outro jeito senão sobre aquilo que não se sabe ou que se sabe mal? É necessariamente neste ponto que se imagina ter algo a dizer. Só se escreve na ponta de seu próprio saber, nesta ponta extrema que separa nosso saber e nossa ignorância *e que faz passar um no outro*. É só desta maneira que se é determinado a escrever. Suprir a ignorância é deixar a escrita pra depois ou, antes, torná-la impossível" (*DR*, 4).

> "Dá-se um curso sobre aquilo que se busca e não sobre o que se sabe" (*P*, 190).

Enquanto nos contentamos com o saber e a ignorância, permanecemos estúpidos diante de uma fronteira negativa que nada retém da real dinâmica do pensamento (captação de signos e positividade do problema que disso decorre). Ora, pensar não é saber e nem ignorar, mas procurar, e só se procura quando já se encontrou o mínimo envolvido — signo — que leva o pensamento a um movimento de busca. Portanto, é preciso que "se faça passar um no outro". Será possível acreditar que a dialética consiga isso, ela que se esforça para reencontrar o movimento concreto por meio de mistos, combinando o que se tem e o que não se tem, o ser e o nada, na esperança de que o negativo possa fundir a oposição em um movimento (o devir)? A dialética acredita obter o não representável por meio de um trabalho da representação.

> "[...] mas o que vale uma dialética que acredita poder reencontrar o real, quando ela compensa a insuficiência de um conceito muito amplo ou muito geral apelando ao conceito oposto, não menos amplo e geral? *[60]* O concreto jamais será reencontrado, combinando-se a insuficiência de um conceito com a insuficiência do seu oposto; não se reencontra o singular, corrigindo-se uma generalidade por outra generalidade" (*B*, 38).

"Fazer passar um no outro" exige uma teoria não dialética do *devir*, na qual não mais se tratasse de combinar (contradição), mas de tornar indiscernível (o que Deleuze chamará de "vice-dicção"). Há duas maneiras de "tornar infinita a representação": impelir a diferença até a contradição (Hegel), ou segui-la até o infinitesimal (Leibniz). Deleuze escolhe a segunda, que, uma vez separada de toda referência aos infinitamente pequenos, leva a considerar uma pura *conexão diferencial* (*DR*, 61-71 e todo o cap. IV).

Decepção e fadiga

A pressão das forças reativas tem dois polos: decepção, dogmatismo. Ora elas lutam e triunfam antes mesmo que tenha havido um encontro ou que este tenha podido cristalizar-se; ora elas triunfam demasiado tarde, dando testemunho de uma fadiga do pensador.

Dizer que o pensamento encontra seu fora significa que ele é novamente afetado, e que um problema que até então o habitava deixou de ser o seu, ainda que esse problema continue a agir sobre ele negativamente. Em contato com o fora, o pensamento está em devir: ele devém outro e se bate contra o que ele deixa de ser. Mas, por um acavalamento característico do acontecimento, ele é ainda o que deixa de ser e se furta ao que ele devém. Também o filósofo deve responder à pressão do *involuntário* (signo) com uma *má vontade* ativa (crítica), que desconfia da imagem dogmática de um pensamento naturalmente bom. O pensador é um personagem duplo: "ciumento" enquanto capta signos que o violentam e que ele deve absolutamente decifrar (*PS*, 24); "idiota", enquanto se desvia da imagem dogmática e "não consegue saber o que todo mundo sabe" (*DR*, 171). Essas duas posturas não são momentos, como se o pensador fosse inicialmente um e depois outro. Ele é um e outro, criador e crítico, ainda que a crítica encontre sua inspiração num início de criação. O idiota é primeiramente ciumento, mas veremos que, num certo sentido, o inverso *[61]* é também verdadeiro, pois só há sensibilidade aos signos sobre fundo de ruptura do esquema sensório-motor, graças ao qual se faziam as recognições (*IT*, 62). Involuntário e má vontade: de todo modo, para pensar é preciso que ambos ocorram, e não se trata de ver na má vontade uma falta de querer, uma vontade em pane, pois, ao contrário disso, ela é a própria obstinação ou a *teimosia* capaz de destituir no pensador a imagem estéril e paralisante dessa boa vontade que o impede de pensar, o incessante desviante daquilo que o engole.[1] A teimosia é a perseguição errática, forçosamente delirante do signo, o gesto louco e desordenado, em tudo contrário ao bom-senso, pelo qual o pensamento afirma sua própria *obsessão* ou a urgência superior que dele se apodera.

Ora, não é fácil renunciar à imagem dogmática, e Deleuze invoca uma *decepção* necessária: pensar não é aquilo em que se acreditava. Emprestando sua voz a Proust [1871-1922], ou inversamente, ele diz:

"Ser sensível aos signos, considerar o mundo como coisa a ser decifrada, é sem dúvida um dom. Mas esse dom correria o risco de permanecer soterrado em nós

---

[1] Sobre a teimosia do idiota, ligada ao tema de um "pensamento sem imagem", ver *DR*, 171, 173; *CC*, 106.

mesmos se não fizéssemos os encontros necessários; e esses encontros permaneceriam sem efeito se não chegássemos a vencer certas crenças já prontas" (*PS*, 37).

De onde vem a resistência aos encontros? Pensar é, primeiramente, uma paixão, e é em posição de paciente que o pensador devém ativo, que ele conquista sua potência de pensar. Pensar deve ser conquistado, engendrado no pensamento. Esse paradoxo, inerente ao devir-ativo, é formulado a partir de Artaud [1896-1948]:

> "Assim, o que o pensamento é forçado a pensar é igualmente sua derrocada central, sua rachadura, seu próprio 'impoder' natural, que se confunde com a maior potência, isto é, com os *cogitanda*, estas forças informuladas, como com outros tantos voos ou arrombamentos do pensamento. Artaud persegue em tudo isto a terrível revelação de um pensamento sem imagem e a conquista de um novo direito que não se deixa representar. Ele sabe que a *dificuldade* como tal e seu cortejo de problemas e de questões não são um estado de fato, mas uma estrutura de direito do pensamento. Sabe que há um acéfalo no pensamento, assim como um amnésico na memória, um afásico na linguagem, um agnósico na sensibilidade. Sabe que pensar não é inato, mas deve ser engendrado no pensamento. Sabe que o problema não é dirigir, nem aplicar *[62]* metodicamente um pensamento preexistente por natureza e de direito, mas fazer com que nasça aquilo que ainda não existe (não há outra obra, todo o resto é arbitrário e enfeite). Pensar é criar, não há outra criação, mas criar é, antes de tudo, engendrar 'pensar' no pensamento" (*DR*, 192).

A decepção está inicialmente ligada a essa impotência: não conseguir trabalhar, empreender a obra anunciada (*PS*, 30). Ela concerne, em seguida, à descoberta transcendental que explica essa impotência: a do paradoxo da criação. Pensar se engendra no próprio ponto de impotência; em outros termos, não há potência pura, senhora de si e soberana, para sempre e de cara adquirida. O pensamento só caminha de ato em ato, não de princípio a consequência ou do chão ao céu, e volta a atuar inteiramente a cada vez. É esta a revelação do "desfundamento", que faz eco à "derrocada central" de Artaud.

Já não é esse o sentido etimológico de decepção (um despojamento, uma perda de domínio, uma forçada renúncia ao domínio)? "Que violência se deve exercer sobre o pensamento para que devenhamos capazes de pensar, violência de um movimento infinito que nos *despoja* ao mesmo tempo do poder de dizer Eu?" (*QPh?*, 55). "Longe de supor um sujeito, o desejo só pode ser atingido no ponto em que alguém é *despojado* do poder de dizer Eu" (*D*, 108, grifos meus).[1] É decepcionante descobrir que o pensamento começa num encontro por causa das renúncias que tal revelação implica e da absoluta precariedade que ela promete: a filosofia do acontecimento começa por entristecer (ver *DR*, 258: "Mas quão decepcionante parece a resposta...").

O pensamento enfrenta uma dupla decepção que lhe cabe ultrapassar. De um lado, a constatação de sua impotência como condição (idiotia); de outro, a ilusória nostalgia de um pensamento fácil e agradável de direito (ciúme). Para esse enfrentamento, o pensamento dispõe de uma vontade paradoxal, extraída do próprio involuntário (o signo que o obseda), "vontade que o acontecimento *cria* nele" [*volonté que lui* fait *l'événement*] (*LS*, 123), teimosia ou obstinação. Mas ele ainda enfrenta outra coisa, que mina sua resolução de assumir, pois a decepção segunda é acrescida por uma suspeita que ameaça turbar tudo: e se a renúncia,

---

[1] A expressão vem de uma frase de Blanchot citada em *MP*, 324 e em *CC*, 13. [NT A frase de Maurice Blanchot (1907-2003), presente em *La part du feu*, Paris, Gallimard, 1949, pp. 29-30, e transcrita em *Mil platôs* é a seguinte: "Algo lhes acontece que eles só podem reapreender despojando-se do seu poder de dizer Eu". Em *CC*, 13n6, Deleuze indica entre parênteses a quem esse algo está acontecendo: "Algo acontece (aos personagens) que eles só podem reapreender despojando-se do seu poder de dizer Eu".]

[63] afinal de contas, fosse apenas a dissimulação elegante de uma impotência... O filósofo renuncia a interpretar o mundo, a dar um sentido à vida e à época, em suma a tratar a realidade como objeto de recognição, porque ele descobre nisso uma subserviência e uma fatuidade estranhas ao ato de pensar; mas ele deve ainda subtrair-se às vozes que se elevam — e primeiramente em si mesmo — para reconduzi-lo à Opinião. Tal qual o narrador de Proust diante da concepção da arte que foi durante muito tempo a sua:

> "Por que, então, ele sente uma decepção tão viva, cada vez que verifica sua própria inanidade? É que, pelo menos, a arte encontrava nessa concepção uma destinação precisa: ela esposava a vida para exaltá-la, para dela extrair o valor e a verdade. E quando protestamos contra uma arte de observação e de descrição, quem diz que não é nossa impotência para observar, para descrever, que anima esse protesto? Nossa incapacidade para compreender a vida?" (*PS*, 45).

Consideremos agora as coisas pelo outro lado. O pensador não mais enfrenta uma decepção, mas uma *fadiga* que o reconduz, igualmente, à Opinião e fixa sua problemática em dogmatismo. Até que ponto o pensador é capaz de suportar o "desfundamento" do seu próprio pensamento? Não está ele consagrado a assentar-se numa enunciação que só lhe foi possível no desfundamento, mas que ele toma doravante como baliza ou pontos de referência para movimentos tão somente relativos? (*QPh?*, 50). Por quanto tempo podem as forças ativas dominar no pensamento? Não há, afinal, um "devir-reativo de todas as forças"? (Questão recorrente em *Nietzsche e a filosofia*: 72 ss., 192 ss.)

A oscilação da crítica entre o tema de um "pensamento sem imagem" (*DR*, 173, 217, 354; *MP*, 467; *CC*, 106) e o de uma "nova imagem do pensamento" (*NPh*, 118 ss.; *PS*, 122; *P*, 202 ss.) talvez assinale o momento em que Deleuze enfrenta a questão por sua própria conta. De fato, essa oscilação reflete o paradoxo de uma filosofia transcendental que, se querendo imanente, busca as condições que não sejam "mais amplas que o condicionado" e que constituam um campo transcendental de algum modo "plástico" (*NPh*, 57; *DR*, 94). Ora, o que poderia querer uma teoria que pretendesse abster-se de imagem quando ela mesma descreve as condições de um ato de pensar? Se Deleuze pretendia *[64]* escapar a toda imagem, a todo pressuposto concernente ao que significa pensar, seria o caso de aplicar-lhe sua própria fórmula, "refazermo--nos prisioneiros de um horizonte relativo" (*QPh?*, 50). Mas essa oscilação não deve ser atribuída a uma hesitação. Na realidade, o paradoxo é este: a nova imagem — o "rizoma" (*MP*, 1º platô) — é *a imagem de um pensamento sem imagem*, de um pensamento imanente que não sabe de antemão o que significa pensar.

Deleuze se explica num texto recente (*QPh?*, cap. II, "O plano de imanência"): toda filosofia tem, certamente, pressupostos — uma imagem do pensamento —, mas que não constituem enquanto tais uma opinião, um postulado de transcendência. Os próprios pressupostos não estão aí desde sempre, como uma região de crença mantida impenetrada: eles emergem ao mesmo tempo que os conceitos, neles implicados como sua condição (de modo que o próprio problema de *crer* muda de sentido, não estando mais ligado ao preconceito, à besteira). A imagem do pensamento se confunde com o plano ou o campo erigido pelo filósofo, e O plano de imanência deve ser concebido como o plano de coexistência virtual de todos os planos, de todas as filosofias (ver *supra*, fim do cap. II). Nesse sentido, o pensamento cria sem imagem preconcebida, mas traçando uma nova imagem do pensamento.

Fatigado, em contrapartida, é o pensamento que confunde as duas linhas de criação, que toma os conceitos pelo próprio plano e que aspira por conceitos primeiros como princípios transcendentes. Assim, esse pensamento acaba "prisioneiro de um horizonte relativo": o problema não é mais distinguido como tal no vislumbre distinto-obscuro que caracteriza o signo ou o encontro, mas subsiste desfigurado, desnaturado, sob a forma caricatural de uma imobilidade [*souche*] dogmática (*QPh?*, 50, 201-202; e sobre a confusão entre plano e conceitos, 42, 51-52).

"Nosso" problema

Para além do extravio do falso problema e dos diversos perigos que o pensamento enfrenta, duas questões permanecem: se cada plano tem sua necessidade, qual impulso nos leva a mudar de plano? E o que torna caduco um plano? Falsidade, caducidade: *[65]* a crítica se exerce de dois pontos de vista. Certos problemas usurpam seu nome, mas de qualquer maneira todo problema passa, vem a passar. Deleuze não quer dizer que a própria verdade passa; ele inclusive insiste no fato de que um problema, ao qual deixamos de ser sensíveis, conserva em si sua carga de novidade numa espécie de eternidade virtual, onde ele espera ser eventualmente reativado, sob a condição de uma metamorfose. Um problema passa porque outro aparece; ele cede sob os lances de uma novidade que pressiona ainda mais. Um problema é o *nosso* não porque ele corresponderia à realidade atual (recognição), mas porque ele é novo e porque a renovação das condições históricas emite signos inéditos (*QPh?*, 32, 106-108).

Sustentando que os problemas passam, contrariamente a um preconceito escolar que os diria eternos (e é assim que eles aparecem, com efeito, quando nos limitamos a enunciações vagas e gerais), Deleuze não se contenta com uma constatação negativa e vaga, mas enuncia uma conexão positiva entre a verdade e o tempo. Justificar tal passagem, buscando-lhe a razão na própria natureza dos problemas, seria uma empreitada absurda. Os problemas passam porque o pensamento está exposto ao tempo, e este só pode ser determinado aqui como acaso, ou campo de encontros. Quando Deleuze conecta a verdade e o tempo, é todo o campo de exterioridade das relações que se temporaliza. E veremos que se ultrapassa a conexão sentido-forças em direção a uma conexão sentido-tempo, e que uma relação autêntica é sempre uma conexão de tempo (as forças não seriam, em última instância, *forças do tempo?* — ver *FB-LS*, rubrica VIII; *IT*, 60; *QPh?*, 172).

Deleuze sempre apresenta a nossa situação contemporânea em função de um acontecimento: algo se passou, "o problema mudou". Podemos nos alegrar ou deplorar, agarrarmo-nos ao antigo problema, que, de todo modo, se impõe como *nosso* problema, pois ele suscita criação. Não escolhemos o que dá a pensar, o filósofo não tem a escolha dos temas ou dos problemas; o único critério — a apreciação do novo ou do que força a pensar — parece certamente frágil, pois ele põe em jogo a sensibilidade, mas se trata de uma sensibilidade não-recognitiva que já não é relativa a um sujeito constituído. Há aí certamente uma *crueldade [66]* — por exemplo, na constatação de que "Deus", hoje, já não faz pensar. E reencontramos o problema geral do ativo e do reativo, da criação e da conservação: o que emerge não é interessante por natureza? A questão real devém aquela do bom diagnóstico. Não esta: o problema apresentado como novo é melhor que o antigo? Mas esta outra: pode-se dizer que um problema novo emergiu? Cabe ao pensador distinguir o acontecimento autêntico sob os "grandes acontecimentos ruidosos" (*NPh*, 180). O filósofo deve se fazer de *clínico*, e a obra de Deleuze é antes de tudo a descrição de uma mutação moderna no campo do pensamento. Um problema novo surgiu, um problema que de modo algum é da ordem de crer ou não crer em Deus:

> "O problema mudaria se fosse outro plano de imanência. Não que aquele que crê que Deus não existe pudesse então ser vencedor, dado que ele ainda pertence ao antigo plano como movimento negativo. Mas, sobre o novo plano, poderia acontecer que o problema dissesse respeito, agora, à existência daquele que crê no mundo, não propriamente na existência do mundo, mas em suas possibilidades em movimentos e em intensidades para fazer nascerem ainda novos modos de existência, mais próximos dos animais e dos rochedos. Talvez acreditar no mundo, nesta vida, tenha devindo nossa tarefa mais difícil, ou a tarefa de um modo de existência por descobrir, hoje, sobre o nosso plano de imanência. É a conversão empirista (temos tantas razões de não crer no mundo dos homens, nós perdemos o mundo, pior que uma noiva, um filho ou um deus...). Sim, o problema mudou" (*QPh?*, 72-73).

Deleuze erige o quadro clínico do pensamento moderno ao criar os conceitos necessários, desenvolve os signos que obsedam o pensamento atual, capta as forças que se exercem sobre ele. Não há dúvida de que nem todos os representantes do mundo do pensamento são afetados por essas forças e esses signos, pois muitos se ocupam em conservar e em desacreditar, pouco aptos aos encontros à força de desconfiança. E outros erigem o quadro ainda de uma outra maneira, e é entre Deleuze e eles que se toma a decisão.

Crer neste mundo é afirmar a imanência. As novas forças são as do intolerável e da vergonha:

> "Pois não é em nome de um mundo melhor ou mais verdadeiro que o pensamento apreende o intolerável neste mundo, ao contrário: porque o mundo é intolerável é que ele não pode mais pensar o mundo, nem pensar a si próprio. O intolerável não é mais uma grande injustiça, mas [67] o estado permanente de uma banalidade cotidiana. O homem, *ele próprio*, *não é* um mundo diferente daquele no qual sente o intolerável e se sente encurralado. O autômato espiritual acha-se na situação psíquica do vidente, que enxerga melhor e mais longe na mesma medida em que não pode reagir, isto é, pensar. Qual é, então, a 'saída sutil'? Acreditar, não em outro mundo, mas no liame do homem e do mundo, no amor ou na vida, acreditar nisso como no impossível, no impensável, que, no entanto, só pode ser pensado: 'algo possível, senão sufoco'. É essa crença que faz do impensado a potência própria do pensamento, por absurdo, em virtude do absurdo. A impotência para pensar nunca foi apreendida por Artaud como uma simples inferioridade em que estaríamos relativamente ao pensamento. Ela, a impotência, *pertence* ao pensamento, de modo que devemos fazer dela nossa maneira de pensar, sem pretender restaurar um pensamento onipotente. Devemos, antes, nos servir dessa impotência para acreditar na vida, e encontrar a identidade do pensamento e da vida... "O

fato moderno é que já não acreditamos neste mundo. Nem mesmo acreditamos nos acontecimentos que nos sucedem, o amor, a morte, como se apenas pela metade eles nos dissessem respeito. Não somos nós que fazemos cinema, é o mundo que nos aparece como um filme ruim. É o liame entre o homem e o mundo que se rompeu. Por isso, é este liame que deve devir objeto de crença: ele é o impossível, que só pode ser restituído por uma fé. A crença não se dirige mais a um mundo outro, ou transformado. O homem está no mundo como numa situação óptica e sonora pura. A reação da qual o homem está despossuído só pode ser substituída pela crença. Só a crença no mundo pode religar o homem ao que ele vê e ouve" (*IT*, 221-223).

Por que é ainda um problema de crença? Contrariamente ao saber, a crença implica uma conexão com o fora; ela é a afirmação dessa conexão: afirmar o que nós não percebemos nem pensamos, o que nós não pensamos ainda (imanência: "nós não sabemos o que pode um *corpo*"), ou então o que nós jamais pensaremos (transcendência: Deus, o incognoscível ou o oculto, cujas perfeições ultrapassam e humilham nosso entendimento). Deleuze insiste na diferença de natureza entre essas duas crenças, pois o fato moderno é a inclusão do fora *no* mundo, e não além, no além-mundo. O fora devém hoje uma categoria imanente, e essa mutação conceitual é ao mesmo tempo a condição de um pensamento da imanência radical.

Afirmar o fora ou a divergência não como um além, mas como a condição da imanência: é esta a *[68]* resposta do pensamento ao seu próprio esgotamento, à sua própria lassidão (não mais acreditar no amor, na filosofia...). A fé nas formas acabadas, nas totalidades ou interioridades, é substituída por uma crença paradoxal no mundo como reserva de relações inéditas, e nessas próprias relações como o que renova inexoravelmente a imagem do pensamento. Essa lassidão se opõe à fadiga que já não suporta ser apoiada no acontecimento e o substitui por um *a priori*. Destituindo o pensamento do seu poder de significar ou de dizer a essência, essa lassidão o torna apto a apreender as novas forças, a sentir os novos signos. Na imanência, e não numa essência da "realidade", a nova crença se exprime assim:

> "O jogo do mundo mudou singularmente, pois deveio o jogo que diverge. Os seres estão esquartejados, mantidos abertos pelas séries divergentes e pelos conjuntos incompossíveis que os arrastam para fora, em vez de se fecharem no mundo compossível e convergente que eles exprimem de dentro... É um mundo de capturas, mais do que de clausuras" (*Pli*, 111).

Capítulo IV
TEMPO E IMPLICAÇÃO
[69]

As forças, o afeto remetem a um campo de exterioridade ou de heterogeneidade pura, a um campo de diferença absoluta. É a propósito do tempo que Deleuze chega ao conceito desse campo. Ele mostra que a diferença, levada ao absoluto, devém uma autêntica conexão, de modo que o tema da exterioridade das relações encontra sua completude na articulação da diferença e da repetição. Então, a lógica das forças tende para uma meditação do tempo que desvaloriza a conexão de sucessão. O tempo trabalha os corpos, a heterogeneidade que opera nos corpos (afeto) e no limite dos corpos (sentido) é, afinal de contas, temporal.

"Cronos quer morrer", escreve Deleuze (*LS*, 192). O tempo é heterogêneo antes de ser sucessivo; o curso do tempo (cronologia) é somente uma forma empírica, a maneira pela qual o tempo se representa. A sucessão não é uma aparência, mas ela não dá conta de si mesma e remete a uma instância genética mais profunda, a conexões de outra natureza, não menos reais e não menos temporais.

Hábito, devir, acaso

Diferença e repetição (cap. II) descreve três modos temporais que são outras tantas maneiras de viver o tempo, ou simplesmente de viver. Cada "tempo" — presente, passado, futuro — domina a cada *[70]* vez (acrescenta aí uma razão dessa tríade: uma distribuição originária dos três tempos que esquiva um deles, o presente). O primeiro desses modos temporais é um tempo alternante, periódico, que corresponde aos ciclos orgânicos. Esse tempo corresponde particularmente à imagem de um movimento circular que volta sempre a passar pelos mesmos pontos: tempo cardinal, dócil e regular, "ritmado" no sentido vulgar do termo. Na origem, portanto, uma contração de instantes ou de excitações pontuais, que dá nascimento ao presente que dura, à duração. Esse presente, que Deleuze denomina *hábito* em referência aos empiristas anglo-saxônicos, nós o somos mais do que estamos nele (são nossas atividades que se desenrolam nele). Ele é a própria consistência, diferenciada e qualificada, de nossa existência. Esse presente é necessariamente finito, limitado, restringido por certa capacidade de contração. No nível orgânico, cada órgão tem, assim, seu presente ou sua duração própria, de modo que as diferenças não são apenas de espécie a espécie: num mesmo organismo coexistem vários presentes, durações ou *velocidades* relativas. O afrouxamento da contração (fadiga) corresponde ao surgimento da necessidade orgânica [*besoin*], abertura que relança a contração ao perigo. Com efeito, há o relançamento e, portanto, a necessidade orgânica, porque a repetição contrativa dos instantes (hábito) engendra uma "pretensão" ou uma espera, "nossa espera de que 'isso' continue" (*DR*, 101). Portanto, há lacunas entre as contrações, mas não seria o caso de dizer, todavia, que o presente passa, pois ele não para de se produzir novamente, e que a pretensão seja de continuar ou de perseverar. A periodicidade é um presente perpétuo em seu princípio ou na sua lógica, presente escandido apenas pelas intermitências da fadiga e da necessidade orgânica. Nós contraímos novamente, mas é sempre o mesmo ciclo que retoma — o presente dura, é de uma duração esburacada, mas que não passa.

Uma contração, um presente variável, é também — para nos contentarmos provisoriamente com uma aproximação — o que Deleuze denomina *meio*, e que serve de quadro, no nível orgânico tanto quanto no existencial, para nossos atos, para nossas "efetuações" (o imóvel, a rua, a escola, os companheiros, a profissão, a vida conjugal, o exército, o país, a região etc.). O meio se define por um hábito, um espaço-tempo periódico e qualificado, uma "velocidade relativa" correspondente à amplitude do ciclo (*MP*, 384; *IT*, caps. VIII-IX). *[71]*

Esse conceito de meio pode parecer impreciso: ora nós agimos nele, ora nós o somos. É que ele implica uma teoria da subjetividade, segundo a qual o ser ou a identidade se infere de um *ter* ou de uma pretensão (*DR*, 107; *Pli*, 147-148). "Todos somos contemplações, logo hábitos. *Eu é um hábito*" (*QPh?*, 101). Quem sou? Um hábito contemplativo, fixado em contrair elementos materiais ou sensoriais que compõem um meio no qual posso viver e agir. Ou, então, sou a multiplicidade dos hábitos ligados aos diversos meios que contraio, alguns dos quais não me esperaram para se formar: meio social, linguístico etc. Tenho exatamente a consistência dos meus hábitos; minhas ações e reações supõem a prévia contração de um meio, que portanto sou. No sentido próprio, isso se chama habitar, e o *cogito* deleuziano é um "Eu habito", ou "Eu pretendo" (o que contraio).

No entanto, cada um sabe muito bem que esse modo temporal não esgota toda a nossa experiência. Por um lado, são diversos os meios que servem de quadro para a existência numa mesma pessoa, o que já coloca problemas de estabelecer acordo ou composição, e força a pensar relações temporais laterais, não sucessivas, de uma dimensão a outra do tempo. Por outro, acontece de passarmos de um meio a outro, de uma periodicidade a outra: crescer, partir, apaixonar-se, deixar de amar... É um devir, um acontecimento, ruptura ou encontro (mas há uma ruptura em todo encontro). A própria sucessão devém aqui perceptível e pensável, mas levando em conta, repitamos, o fato de que nosso presente é plural, que cada um de nós vive simultaneamente em várias linhas de tempo (*PS*, 35-36). Além disso, algumas linhas se esfumam e se interrompem brutalmente, ao passo que outras se afirmam etc. Não é mais apenas o presente que dura, mas o presente que passa, e que passa em proveito de *outro* presente, contrariamente à periodicidade (seja porque uma linha substitui outra, seja porque a composição dos presentes muda). Toda existência imbrica vários meios, mas acontece que já não são os mesmos, ou que o presente múltiplo é acrescido de uma nova dimensão.

O presente não dá conta de sua própria *passagem*; é preciso, portanto, que haja um aspecto temporal mais profundo, um mecanismo que explique que o tempo passa. Dizer que vivemos no presente *[72]* não é suficiente. Sem dúvida, temos necessidade de um presente para a ação, mas quando passa o presente que nos constitui, eis-nos despojados do nosso poder de agir, aptos tão somente a uma obstinada pergunta contemplativa: "Que se passou?" (*LS*, 180-181; *MP*, 8º platô). A situação mudou, e bastaria, sem dúvida, contrair o novo hábito para poder reagir novamente; mas, no intervalo, surgiu algo mais profundo do que qualquer situação, pura cesura insistente, diferença entre duas dimensões inconciliáveis do tempo que nos torna *idiotas*. É o acontecimento.

Portanto, é preciso dar conta da possibilidade de que o tempo passe e, ao mesmo tempo, descrever a temporalidade própria do acontecimento como tal: não da nova situação ou do novo meio, mas do entre-dois-meios. Intui-se, igualmente, um parentesco entre a heterogeneidade dos presentes variáveis e a sucessão dos presentes. Nos dois casos, a ideia do tempo cardinal, ligada à periodicidade, dá testemunho de uma visão local, parcial, abstrata, e se ultrapassa na direção da concepção *ordinal* de um tempo multidimensional, multilinear; as dimensões, passadas ou presentes, são de mesma natureza, assim como as relações no tempo, quer se trate de remontá-lo ou de descer, ou então de explorar horizontalmente suas diferentes regiões atuais. O tempo, como o sabia Bergson, não é uma quarta dimensão que se junta às do espaço; ele próprio comporta "mais dimensões do que o espaço" (*PS*, 36).

Antes de analisar essa questão da passagem ou do passado, e a das consequências disso para uma teoria das relações, observemos que Deleuze não se satisfaz com esses dois modos temporais, em que o presente domina num caso e o passado no outro. Ele busca um terceiro modo, sente a necessidade de um terceiro: uma temporalidade na qual o futuro teria o primado. Por quê? O terceiro modo temporal não afirma tão somente o presente e o fato de que ele sucede a outro presente (passado), ele invoca de certa forma essa substituição, vê nisso o destino de todo presente. O devir já não é apenas constatado, mas afirmado: tudo o que existe está em devir, nada é dado "de uma vez por todas". A questão deveio "O que vai se passar?". Este modo temporal, eminentemente precário, só pode ser vivido na ponta do vivível; ele ameaça o presente, e por isso mesmo, também, a identidade do sujeito que

[73] o afirma. "Eu é um outro", eu serei outro, ou, de maneira ainda mais radical: o outro me exclui, o outro que surgirá em meu lugar. É impossível que eu me *represente* nessa afirmação do futuro, que difere, assim, de toda antecipação, dependente, por sua vez, de um futuro da ação que permanece incluída no meu presente periódico. Se tentarmos dar um sentido independente ao futuro, e tomá-lo como referência de um mundo temporal verdadeiramente distinto, daremos com esta afirmação paradoxal de uma nova coerência, dita "caos-errância", que exclui a do sujeito que o afirma (*DR*, 80-81, 121, 125-127, 149). Assim, a afirmação do devir está tingida de morte, e ocorre a Deleuze aproximá-la do instinto de morte da psicanálise (*DR*, 147 ss.; *PSM*, 111 ss.). Contudo, ela permanece estranha a toda dialética, pois de modo algum a morte é concebida como um momento da vida, como um momento do qual se nutriria a vida e do qual ela constituiria o ultrapassamento.

"É preciso viver e conceber o tempo fora de seus gonzos, o tempo posto em linha reta que elimina impiedosamente aqueles que a ele se dedicam, que assim vêm à cena, mas que só repetem de uma vez por todas" (*DR*, 381). Mas quem poderia viver no futuro? Não estaria aí o problema ético, para uma filosofia da imanência, que enuncia o perpétuo "desfundamento" do presente? A própria fórmula da imanência — "Crer neste mundo-aqui" — é inseparável de uma "crença do porvir, crença no porvir" (*DR*, 122), que, evidentemente, nada tem a ver com uma esperança qualquer, ou com uma confiança no progresso (tais sentimentos dizem respeito, com efeito, a um futuro antecipador e nos mantêm no presente da ação, do qual esse futuro é apenas uma modalidade). Como modo temporal original, o futuro está ligado, portanto, às condições de emergência de um ato de pensar. Pensar — mas também amar, desejar (veremos mais adiante por quê) — depende da possibilidade de afirmar o futuro como tal e de viver, de certa forma, o invivível.

Compreende-se, assim, a necessidade de se buscar um terceiro modo temporal. Trata-se aí da "forma derradeira do problemático" (*DR*, 148), da questão de saber se o pensamento e o desejo podem reencontrar e afirmar suas próprias condições, se eles podem, em suma, afirmar a imanência e as condições de emergência de um problema. Trata-se aí da nossa mais elevada mestria [*maîtrise*], mesmo sendo ela conquistada na *[74]* precariedade e na impotência. Somos capazes de tal afirmação? Ao menos, podemos definir suas condições: seriam aquelas de um jogo de *azar absoluto*, no qual o acaso seria inteiramente afirmado a cada lance, no qual cada lance criaria, por conseguinte, suas próprias regras, como uma roleta em que não se pararia de relançar a bola a cada lance. À regra de um único lançamento, acaso inicial e relativo, acolhido "de uma vez por todas", se oporia uma sucessão indefinida de lançamentos que, a cada vez, reafirmam todo o acaso, e aparecem, assim, como fragmentos de um mesmo e único Lançar "para todas as vezes".[NT] Esse Lançar único infinitamente subdividido, "numericamente um, mas formalmente múltiplo", é a afirmação do acaso absoluto, ou do devir: uma afirmação no futuro, inseparável de uma repetição, pois ela tem como condição a reafirmação do acaso absoluto a cada vez, e de uma repetição seletiva que não faz retornar o que só foi afirmado de uma vez por todas. A afirmação do devir implica que o acaso seja todo restituído a cada vez: ela exclui, portanto, a finalidade, mas também a causalidade e a probabilidade, em proveito de *correspondências não causais* entre acontecimentos (*SPE*, 304; *LS*, 199).[NT] Substancialmente, se se pode dizer, é esta a interpretação deleuziana do Eterno Retorno

---

[NT] [Para marcar a oposição aí referida, preferi traduzir *lancer* por "lançamento" e *Lancer* por "Lançar". O emprego de "lançar" para também traduzir *lancer* pode ser encontrado em *Lógica do sentido*, tr. br. de Luiz Roberto Salinas Fortes, São Paulo, Perspectiva/Edusp, 1974, p. 62, por exemplo.]

[NT] [Como essas duas referências aparecem após a frase que o autor colocou acima entre aspas — "numericamente um, mas formalmente múltiplo" — convém notar que ela, como tal, não aparece nessas duas referências. Ela cruza conceitualmente frases como estas: "Todos os atributos formalmente distintos são conectados pelo entendimento a uma substância ontologicamente una", ou ainda: "ontologicamente uno, formalmente diversos" etc. (*SPE*, 56); ou ainda: "Os lances não são, realmente, numericamente distintos. Eles são qualitativamente distintos, mas todos são formas qualitativas de um só e mesmo lançar, ontologicamente uno" (*LS*, 75).]

em Nietzsche. E talvez seja um jogo de morte para todo sujeito bem constituído; por definição, não *se* deixa de sair ganhando sempre [on *n'en sort pas moins toujours gagnant par définition*] (*DR*, 152; *LS*, 10ª série, "sobre o jogo ideal"; e a primeira análise do lance de dados em *NPh*, 29-31).

A HETEROGENEIDADE DO TEMPO

Retornemos à questão das dimensões do tempo. A partir de Bergson, Deleuze mostra que é impossível dar conta da passagem do presente atendo-se à relação de sucessão, e que é preciso explorar um domínio mais profundo de relações temporais "não cronológicas" (*IT*, 146). Mas, como sustentar que o tempo não é essencialmente sucessivo? Não é pela sucessão que se define o tempo (uma ordem segundo o antes e o depois)? O tempo depende, é certo, de uma cesura, mas esta é estática, puro Instante, e não dá conta da sucessão. *[75]*

É preciso, portanto, explicar que o tempo passa. A razão da mudança não está no presente, que somente aspira a continuar. Nunca se chega ao passado, muito menos ao futuro, enquanto se dá continuidade ao presente: o que denominamos futuro e passado (antecipação e lembrança) é só englobado por um presente maior, que exclui uma diferença de natureza. E, no entanto, vivemos essa continuação como uma passagem, como a rejeição incessante do presente no passado. É justo dizer que passamos de um presente a *outro*, e não que apenas seu conteúdo muda. Mas esse enunciado é obscuro sob dois aspectos. Primeiramente, por si mesmo, o presente não traz outro presente; em segundo lugar, não se entende por que o antigo presente apareceria agora como *passado*. Uma justaposição de segmentos não explica que o presente passe.

O que será que faz o presente passar e que, por conseguinte, move o tempo, fazendo o presente aparecer como mudança e o tempo somente como o que se efetua no presente? Observamos que o novo presente implica sempre "uma dimensão a mais" relativamente àquele que ele substitui (*DR*, 109), e que a sucessão de presentes tem como condição um "aumento constante de dimensões" (*DR*, 110). Portanto, entre o antes e o depois há potencialização: o tempo é ordinal (*DR*, 120). A imagem tradicional do tempo como linha sobre a qual vêm se justapor os presentes é substituída pela ideia de um tempo que prossegue em intensidade, por um aumento do número de suas dimensões. O conceito de duração que aqui aparece é de origem bergsoniana, e difere radicalmente do presente definido acima, pois a duração se define como o que "só se divide mudando de natureza" (*B*, 32). Portanto, entre presentes variáveis deve haver uma diferença de natureza que opera numa outra dimensão que não aquela do presente. Ou melhor, a diferença passa entre dimensões em número ilimitado, ao passo que o presente se definia como uma continuidade homogênea, unidimensional.

Deleuze mostra, então, como Bergson é obrigado a fazer intervir um campo que dobra o presente. O presente só é concebível se ele for presente e passado ao mesmo tempo, pois, sem isso, não se explicaria que um presente possa devir passado quando é suplantado por outro [presente]. A passagem do presente só é pensável em função de uma coexistência paradoxal do *[76]* passado e do presente. O campo invocado não é o de um passado relativo ao presente: coexistem nesse campo todas as dimensões capazes de se atualizar, e não apenas aquelas que outrora foram atuais. Ele não é um receptáculo no qual viriam se acumular todos os antigos presentes; ao contrário, ele condiciona a diferença e a substituição dos presentes; ele é o próprio campo da diferença de natureza. É um passado absoluto, que é preciso denominar *passado puro* ou *passado virtual* para distingui-lo das lembranças empíricas da memória representativa ("um passado que jamais foi presente, pois ele não se forma 'depois'" [*DR*, 111]).

Assim, a sucessão remete à *atualização* de uma nova dimensão (donde a conexão forças-tempos). Sem dúvida, dado um mesmo fluxo de duração, as dimensões sucessivas se acumulam numa memória de conteúdo sempre crescente, mas, de direito, essa acumulação supõe algo totalmente distinto: as relações das dimensões entre si, o campo de passado virtual em que elas coexistem. Um novo presente é, sem dúvida, "uma dimensão a mais"; porém, antes de tudo, ele é *outra* dimensão. As partes de passado virtual

— puras dimensões de tempo — não são lembranças ou imagens de um passado vivido, e os diferentes presentes não fazem referência a conteúdos de existência: cada presente atualiza uma dimensão temporal cuja consistência é puramente *intensiva* (nível, grau, ou plano, ponto de vista). E veremos que não é o caso de suspeitar que haja aqui uma substancialização qualquer do tempo, pois a intensidade só se diz dos corpos. O tempo é a intensidade *dos* corpos.

Se se pergunta por que Deleuze invoca uma diferença de intensidade, a resposta é que a diferença do passado e do presente só é inteligível a esse preço. Quando se negligencia a diferença temporal intensiva (a pura diferença, destituída de semelhança, não sujeitada, por conseguinte, ao idêntico subsumidor [*à l'identique subsumant*], a vida de cada um se reduz a um alinhamento de fatos num presente homogêneo e contínuo, do nascimento à morte. Então, são afastadas essas rupturas não só espaciais, materiais, mas profundamente temporais como indicadas pelo fato de alguém não mais se reconhecer naquele ou naquela que era. O próprio conceito de acontecimento requer essa concepção intensiva do tempo. Inversamente, ao surpreender alguém, um encontro o arrebata para uma nova dimensão temporal que rompe com a antiga. *[77]*

O tempo é pura mudança, pois suas dimensões não se assemelham em nada; e a sucessão não é ilusória, é apenas o menos profundo. Entre duas dimensões há disjunção, conexão de incompossibilidade (segundo a palavra de Leibniz): a atualidade de um faz o outro tender para o passado. Duas dimensões não podem, com efeito, se atualizar ao mesmo tempo "em" um mesmo sujeito. A atualização transporta o sujeito de uma dimensão a outra, fazendo-o mudar ou devir, passar irreversivelmente de uma época a outra, ou — na mesma época e em virtude da pluralidade das linhas —, de uma *hora* de existência a outra *hora*. Cada dimensão é individuante, razão pela qual o tempo é *atualmente* sucessivo: a coexistência das dimensões é incompatível com as condições da atualização ou da existência, que são as da individuação (o que não impede, como veremos, uma persistência do virtual no atual: a individualidade é desde sempre uma transindividualidade).

Que resulta disso? O tempo, pura mudança, é a passagem de uma dimensão a outra (devir). Ele se confunde com essas dimensões, as quais ele reúne virtualmente; melhor ainda, cada dimensão só existe em sua diferença com as outras. Que é, pois, o tempo? Ele é a diferença absoluta, o conectar imediato dos heterogêneos, sem conceito idêntico subjacente ou que subsuma. Propriamente falando, o tempo nada é; ele só consiste em diferenças e no revezamento de uma diferença por outra. Ele não tem centro e nem polo identitário (Deleuze atribui a Alain Resnais a sua descoberta no cinema, ao passo que Orson Welles ainda via na morte um último centro: *IT*, 151-153). Uma tal concepção do tempo, pluridimensional ou intensiva, é vertiginosa. Não há razão alguma para que a dimensão atual, considerada em si mesma, tenha um privilégio sobre as outras ou constitua um centro, uma ancoragem; o eu explode em idades distintas, cada uma ocupando, por seu turno, o lugar de centro, sem que jamais se possa fixar a identidade (e a morte nada ordena, nada decide). E o mesmo ocorre horizontalmente, se consideramos que uma vida se desenrola sobre vários planos ao mesmo tempo: em profundidade, as dimensões de tempo, sucessivas ou simultâneas, se conectam umas às outras de maneira "não cronológica", não sucessiva.

Essas conexões são de correspondências não causais, no sentido de que falávamos há pouco, o dos "lances" formalmente ou *[78]* qualitativamente distintos, que tornam derrisória, estúpida, toda explicação causal. "Que se passou?": o falso problema é invocar causas, buscar uma explicação, sem dúvida possível no nível da efetuação material do acontecimento, mas impotente diante do irredutível hiato dos heterogêneos. Mesmo para os fenômenos puramente físicos, é banal dizer, não obstante, que a causalidade nada explica, e que não é seu papel (o que não implica que seja preciso buscar um modo de explicação superior). Compreendamos bem que Deleuze não joga a correspondência acontecimental contra a causalidade. Ele ressalta que esta não dá conta da heterogeneidade no que sucede. O tempo põe a causalidade em crise num nível mais profundo: sob a causalidade reina um acaso irredutível que não a contradiz, mas a torna ontologicamente secundária (mesmo a regularidade de uma ligação não impede que ela seja fundamentalmente irracional, pois dois termos heterogêneos têm apenas conexão exterior, pela sua diferença).

A MULTIPLICIDADE: DIFERENÇA E REPETIÇÃO

O tempo é a conexão entre dimensões heterogêneas. Em virtude do seu poder individuante, essas dimensões são concorrentes: cada uma se atualiza excluindo as outras (de um indivíduo dado), mas todas são o tempo, as diferenças do tempo, ou, ainda, as diferenças como tais, na medida em que o tempo é tão somente pura diferença. Todas elas retornam ao Mesmo, "apenas com uma diferença de nível" (*DR*, 113). Portanto, não podemos falar delas como de coisas numericamente distintas, mas somente como diferenciações de uma só coisa paradoxal, nunca dada por si mesma e jamais idêntica a si. O tempo é a diferença das diferenças, ou o que conecta as diferenças umas às outras. Ele é a *diferença interna*, a diferença "em si": uma coisa que só existe diferenciando-se e que só tem como identidade o diferir de si, e como natureza o dividir-se mudando de natureza — uma coisa que só tem "si" no e por esse esquartejamento. Diferença interna? Somente a forma da pura mudança pode corresponder a esse conceito que apresenta a grande vantagem de definir o tempo sem lhe dar essência ou identidade. O tempo é, simultaneamente, o Anônimo e o Individuante: impessoal e inqualificável, fonte de toda identidade e de toda qualidade.

Da diferença interna, pode-se dizer que "há *outra* sem que haja várias" (*B*, 36). É verdade que não se vê bem como manter a unidade daquilo que não para de mudar de natureza, a não ser verbalmente, pois nada é conservado de sua identidade. Assim, objeta-se que objeto algum é visado, na medida em que o que muda não tem identidade alguma. Ora, aí está a própria essência da diferença, e é justamente isso que é buscado, pois o tempo, *out of joint*, segundo a expressão de Hamlet, "fora dos gonzos", não tem pontos cardinais (*cardo* = gonzo; eixo) capazes de balizá-lo e de impor-lhe uma curvatura regular, a forma de um círculo. O tempo flutua no vazio, ele próprio vazio (*DR*, 119; *CC*, 40).

"Há outro sem que haja vários" se diz também "numericamente um, formalmente múltiplo" (*SPE*, 56; *DR*, 58-59, 383-fim; *LS*, 75). A diferença interna não é una nem múltipla, ela é uma *multiplicidade*. Sob este conceito, Deleuze designa um modo de unidade imanente, a identidade imediata do uno e do múltiplo. Há multiplicidade quando a unidade do diverso não reclama a mediação de um gênero ou de um conceito idêntico subsumidor (*B*, cap. II; *DR*, 236; *MP*, 45-46, 602-609; *F*, 23). É preciso que a diferença seja o único liame que una esses termos, e que ela seja um liame real: uma semelhança relativa remeteria a uma identidade superior. É possível falar em A diferença, no sentido de que as diferenças se diferenciam mutuamente e que, por conseguinte, se retomam umas às outras; mas pode a diferença aparecer como um liame ou uma relação, como uma conexão positiva? Será que se pode pensar uma interioridade estritamente relacional ou diferencial, um dentro *do* fora? De qualquer modo, tal relação seria *virtual*, pois as diferenças não poderiam coexistir atualmente no mesmo indivíduo. Tratar-se-ia, então, de uma consistência própria ao virtual, entre o nada e o atual.

Resta compreender como a diferença pode reunir, e como o múltiplo pode ser dito *uma* multiplicidade. É que, assim definida, a diferença tem um correlato: a *repetição*. A diferença não para de revir [*revenir*] *[80]* em cada uma de suas diferenciações, em cada uma das diferenças. O paradoxo é imediatamente visível: a diferença se repete diferenciando-se e, no entanto, nunca se repete como idêntica (tal ideia seria evidentemente absurda no campo da representação, no qual a repetição se confunde com a reprodução do mesmo; ela só é mais delicada para ser pensada). A diferenciação da diferença tem como correlato uma repetição que diverge ou que soa falso, e *Diferença e repetição* é a lógica da multiplicidade intensiva como conceito do tempo. A cada vez a diferença-dimensão revém, mas ela revém diferindo, portanto, num outro nível, num outro plano, numa outra dimensão. A interpretação deleuziana do eterno retorno em Nietzsche repousa sobre essa correlação da diferença e da repetição (donde uma conexão muito particular do passado e do futuro, da memória e da crença).

Então, a diferença não aparece mais apenas como uma dimensão intensiva, mas como um ponto de vista (sobre as outras dimensões): é a *implicação* recíproca. A diferença revém em cada uma das diferenças; cada diferença é, portanto, todas as outras, apenas como diferença, e constitui um certo ponto de vista sobre todos os outros, que por sua vez são pontos de vista. A passagem de "ser" a "ser um ponto de vista sobre" é aqui permitida pelo deslocamento ligado a essa repetição paradoxal: cada diferença é repetida, mas à distância, num outro modo, num outro nível que ela não é. Assim, cada diferença envolve virtualmente sua distância para com todas as outras, e ela própria consiste num conjunto de distâncias (pontos de vista). Para uma diferença, repetir é retomar à distância, portanto abrir uma perspectiva sobre.

Da ideia de diferença em si passamos à sua repetição divergente de diferença em diferença e, finalmente, à repetição dessas diferenças umas pelas outras (diferenças que se envolvem mutuamente segundo suas distâncias). Essas duas repetições são apenas uma, pois A diferença só existe nas diferenças que a diferenciam, e a repetição só opera, então, de uma dessas diferenças a outra. O caráter divergente, deslocado, alterador da repetição desemboca na ideia de uma implicação recíproca. Em Deleuze, não há o chocar-se, mas o envolver-se mutuamente, e mesmo desigualmente, pois os *[81]* termos em jogo são pontos de vista heterogêneos. A contradição é apenas o efeito da diferença dos pontos de vista, o negativo — a sombra projetada pelo signo e, através dele, pelo ponto de vista heterogêneo que se anuncia ("Outrem").

Essa lógica da multiplicidade destrói a alternativa tradicional do mesmo e do outro. Que advém, com efeito, quando se suprime o idêntico? O Mesmo — ou o Uno — se reencontra *muito tarde*, como o efeito positivo da diferença mais do que como o termo comum pressuposto por diferenças apenas relativas. Ele está ligado a um jogo de distâncias positivas, no qual as diferenças estão sempre compreendidas umas nas outras. Sua consistência não é mais o idêntico, mas a distância, a implicação recíproca. Ele designa agora o *unívoco*, ou a possibilidade de tratar o diverso do que existe como universal modificação de si (Natureza), cada ser retomando todos os outros ao responder à sua maneira, à diferença como pura questão. E, certamente, essa questão não é "Que é o ser?", mas *"quem — ou como — ser?"*. Em Deleuze, a diferença nem mesmo é o ser, pois ela se confunde com *devir*; e tampouco se reduz ao ente, pois devir não vai de um ente a outro, mas se cumpre *entre* (ver *infra*, cap. V). Deleuze mostra como a imanência se afirma, na história da filosofia, através do tema da univocidade: a diferença formal passa no ser e não mais entre os seres numericamente distintos (*DR*, 57 ss.). O ser, segundo uma fórmula já citada, é formalmente diverso, numericamente um. Compreende-se, assim, que a diferença de qualidade ou de natureza depende da intensidade: não que tudo revenha ao Mesmo, sendo as diferenças apenas de grau; mas os diferentes (qualidades, espécies, modos de existência) ressoam à distância de toda a sua heterogeneidade, repetindo-se uns aos outros como os "graus da Diferença", ela própria (*B*, 94).

O que autoriza a falar em A diferença, A multiplicidade? O que autoriza é a repetição divergente e, portanto, envolvente, como unidade imediata do múltiplo ou consistência do unívoco (o diverso já não tem de ser unificado, subsumido de antemão por um conceito idêntico e comum que asseguraria às diferenças um mínimo de semelhança, e aos pontos de vista um mínimo de convergência). Enquanto produto da repetição, e não identidade originária, o Mesmo é o si da diferença. Podemos assim *[82]* dizê-la "interna": diferença que "se" diferencia, interioridade sem identidade, dentro do fora.

A implicação é o movimento lógico fundamental da filosofia de Deleuze. Em cada livro, ou em quase todos eles, a questão é de "coisas" que se enrolam e se desenrolam, se envolvem e se desenvolvem, se dobram e se desdobram, se implicam e se explicam, e assim se complicam. Mas a implicação é o tema fundamental, porque ela aparece duas vezes no sistema da dobra: a *complicação* é uma implicação em si, a *explicação* é uma implicação em outra coisa. O conjunto forma uma lógica da expressão. Precisemos que a expressão, aqui, nada tem a ver com um processo de exteriorização a partir do dentro. É, sobretudo, o contrário disto. A concepção deleuziana da subjetividade repousa sobre na ideia de um dentro do fora, de uma interiorização *do* exterior, no duplo sentido do genitivo (não há interioridade pressuposta: não se deve perder de vista a repetição à distância, que é aquilo em que consiste o envolvimento).

Por enquanto, contentemo-nos em marcar a razão de ser do tema implicativo: o problema das relações é posto no nível das intensidades, e a conexão de uma intensidade a outra, de uma dimensão a outra, não poderia ser de contiguidade ou de justaposição, mas de implicação. Duas temperaturas, duas velocidades não se adicionam; uma temperatura não é composta de temperaturas, mas envolve outras que, por sua vez, a envolvem, e o mesmo se passa com a velocidade (*DR*, 306; *MP*, 44). Na vida de alguém, uma época não é composta das épocas anteriores, ainda que ela as retome à sua maneira (ela "não se divide" nelas "sem mudar de natureza"). Pode-se dizer que a vida continua, mas sua maneira de continuar é a de reatuar-se [*se rejouer*] completamente num outro plano, de tal maneira que a memória, para além das lembranças que nos retêm neuroticamente naquilo que foi, acusa, ao contrário, distâncias irredutíveis que também não poupam o presente, ele próprio posto em perspectiva. A ideia de destino encontra, assim, um sentido imanente: "uma vida", para Deleuze, é uma condensação ou uma complicação de épocas num só e mesmo Acontecimento, um sistema não centrado de ecos ou de correspondências não causais (*DR*, 113; *LS*, 199; *MP*, 320-321; *IT*, 132). O destino é como o lance de dados: ontologicamente uno, formalmente múltiplo. *[83]*

Assim, "as diferenças não se compõem de diferenças de mesma ordem, mas implicam séries de termos heterogêneos... Uma quantidade intensiva se divide, mas não se divide sem mudar de natureza" (*DR*, 306). A pura diferença é intensiva, pois as diferenças de intensidade não participam de nenhum gênero comum idêntico, que lhes garantiria pelo menos uma mínima semelhança. Entre duas quantidades intensivas só há heterogeneidade ou diferença de natureza. A implicação, portanto, aparece como a própria relação exterior, como o movimento lógico apropriado para descrever as relações num campo de exterioridade. Uma filosofia do Fora é uma filosofia da Implicação.

Resta observar que esse sistema tem um jeito estático, e parece excluir os encontros, pois todas as relações já estão saturadas pela implicação virtual recíproca. Como Deleuze pode ver aí um pensamento da "mobilidade" (*DR*, 327, 331, 387)? Dir-se-ia uma hesitação: ora as diferenças são "extremamente comunicantes", ora elas devem "entrar em comunicação" para que haja encontro (por exemplo, *DR*, 286, 331; *MP*, 291, 292 ou ainda 385). Mas essa objeção só teria sentido se Deleuze fosse do virtual ao atual, do tempo ao corpo, como de um princípio transcendente à sua consequência, propondo a si mesmo a tarefa metafísica de deduzir a existência. Ora, ele não pergunta por que há corpos, ele pergunta se é possível dar conta de suas efetuações e de suas relações sem invocar o virtual, isto é, o processo de atualização. A questão é a seguinte: em nome do concreto, da existência e do devir, não será necessário recorrer ao perspectivismo das dimensões intensivas, ao conceito de uma heterogeneidade forçosamente virtual? Não será esse o único meio de introduzir e de pensar *a diferença na existência*, como a divergência no mundo?

> "Certamente, muitas coisas se passaram tanto no exterior como no interior: a guerra, a bancarrota financeira, um certo envelhecimento, a depressão, a doença, a fuga do talento. Mas todos esses acidentes ruidosos já produziram os seus efeitos de imediato; e eles não seriam suficientes por si sós se não cavassem, se não aprofundassem algo de uma outra natureza e que, ao contrário, só é revelado por eles à distância e quando já é tarde demais: a rachadura silenciosa. 'Por que perdemos a paz, o amor, a saúde, um após o outro?' Havia uma rachadura silenciosa, imperceptível, na superfície, único Acontecimento *[84]* de superfície, como que suspenso sobre si mesmo, planando sobre si, sobrevoando seu próprio campo. A verdadeira diferença não está entre o exterior e o interior. A rachadura não é nem interior nem exterior, ela está na fronteira, insensível, incorporal, ideal" (*LS*, 180-181 — a propósito de Fitzgerald).

A decisão deleuziana é esta: não podemos fazer a economia de uma "linha abstrata" (o incorpóreo ou o espírito, para além de todas as representações) que dobra as efetuações ou as misturas de corpos e passa entre as dimensões; não podemos fazer a economia do virtual, mesmo e sobretudo numa filosofia da imanência. Deleuze coloca assim o problema da imanência: unidade imediata do uno e do múltiplo, "pluralismo = monismo", univocidade; e a solução proposta é o conceito de multiplicidade virtual ou intensiva (*DR*, 383-fim; *SPE*, 162; *MP*, 31). O virtual não é um segundo mundo, ele *não existe fora* dos corpos, ainda que *não se assemelhe* à sua atualidade. Ele não é o conjunto dos possíveis, mas o que os corpos implicam, aquilo de que os corpos são a atualização. Mas a abstração começa quando o corpo é separado do virtual que ele implica, quando só se retém a aparência desencarnada de uma pura atualidade (representação).

Assim sendo, a "comunicação" das diferenças já não é objeto de dilema. Em Deleuze: 1) os corpos implicam o tempo que eles explicam, ou que se atualiza nos espaços-tempos que eles desdobram (meios); 2) o tempo implicado nos corpos se implica em si, e complica os pontos de vista nos quais ele se divide (diferenças "todas comunicantes"); 3) as misturas de corpos efetuam certas conexões de tempo, certas coexistências de pontos de vista, que insistem nos limites dos corpos como espírito (põem diferenças "em comunicação", isto é, relações). Os corpos implicam o que eles explicam ou explicam o que eles implicam: eles são signos e é só na representação que eles perdem seu potencial semiótico. Com efeito, a representação "separa-os do que eles podem" e retém deles tão somente uma pura atualidade, na qual se anula a intensidade, presença sem presença do objetivo-explícito (*PS*, 112-113; *LS*, 325 ss: "essa potência de hesitação objetiva nos corpos..."). O tempo comunica consigo, mas só devém sensível, ou só "entra" em comunicação consigo no encontro dos diferentes fluxos de duração que o encarnam (mistura de corpos). *[85]*

Aiôn e Cronos

Retornemos aos três modos temporais. Observamos que o segundo (passado virtual) é menos o complemento do que o concorrente do primeiro (presente da ação), na medida em que o devir não para de esquivar o presente: "Cronos quer morrer". Duas concepções da duração se chocam: aquela, periódica, e como que imóvel em sua perpetuidade circular, do presente da ação; e aquela que "não se divide sem mudar de natureza" (B, 32, 36), perpétuo devir que desfaz o círculo, alonga-o numa linha sem contorno, "linha abstrata". Portanto, a complementaridade concerne, sobretudo, ao segundo modo (passado virtual das dimensões) e ao terceiro (afirmação no futuro do eterno retorno). A repetição de cada diferença-dimensão em todas as outras nos faz passar insensivelmente de um a outro, e o eterno retorno deleuziano é tão somente a afirmação da multiplicidade intensiva virtual do tempo, da implicação recíproca das diferenças. Dimensão alguma é o centro do tempo, mas cada uma revém em todas as outras e faz, por sua vez, com que as outras revenham. Portanto, cada uma é ainda uma espécie de círculo, mas descentrado relativamente aos outros e não coincidindo consigo mesmo em seu retorno (pois revém nos outros círculos). Estamos longe da "insípida monocentragem dos círculos" da dialética hegeliana (DR, 339). O círculo se repete devindo outros círculos e, assim, só repete a diferença dos círculos: de um a outro ou aos outros corre a linha abstrata ou *linha de fuga*, que não faz contorno, mas se enrola desenrolando-se de um círculo a outro. Afirmar o presente em seu acaso absoluto, isto é, como dimensão sorteada — nós mesmos sorteados e certamente não "de uma vez por todas" — é afirmar o acaso "cada vez" "para todas as vezes".

Entre o primeiro modo temporal (presente periódico) e os dois outros há, portanto, ruptura. Deleuze não para de marcar essa alternativa: não se pode, ao mesmo tempo, agir e apreender o acontecimento como tal. Quando o samurai, ao defender o vilarejo, se pergunta o que ele faz ali, "o que é um samurai hoje, neste preciso momento da História?"; quando o soldado *[86]* fugitivo ou mortalmente ferido se vê fugir, se vê morrer — eles sentem uma urgência mais elevada que a da situação, eles levantam questões inúteis que paralisam a ação, e que, entretanto, a concernem em alto grau. Então eles param de agir para ver, mas nada reconhecem no que veem. O mundo deixou de ser reconhecível. Eles devêm "videntes", perfeitos "idiotas" (LS, 122; IM, 257-261; IT, 13, 168,

229-230 — veremos no último capítulo que se "devir-ativo" tem um sentido é precisamente numa semelhante crise da ação).

Tudo se passa como se o acontecimento se executasse em dois modos temporais ao mesmo tempo: o presente de sua *efetuação* num estado de coisas, ou de sua encarnação numa "mistura de corpos"; mas também uma eternidade paradoxal em que algo de *inefetuável*, de *incorporal*, transborda e sobrevive à efetuação. A tese constante de Deleuze é esta: o acontecimento não se reduz a sua efetuação. Certamente, o acontecimento jamais poderia efetuar-se se ele não dispusesse da continuidade de um presente homogêneo; mas quando a efetuação finda, nota-se que se passou a outro presente que sucede o precedente. O acontecimento é, assim, escamoteado. É que, enquanto tal, ele não tem presente e, estranhamente, faz com que coincidam o futuro (não ainda aí, porém, já aí) e o passado (ainda presente, porém, já passado). É esse o paradoxo do devir:

> "Quando digo 'Alice cresce', quero dizer que ela devém maior do que era. Mas, também por isso, ela devém menor do que é agora. Sem dúvida, não é ao mesmo tempo que ela é maior e menor. Mas é ao mesmo tempo que ela devém maior e menor. Ela é maior agora, ela era menor antes. Mas é ao mesmo tempo, no mesmo lance, que devimos maiores do que éramos, e que nos fazemos menores do que devimos. Tal é a simultaneidade de um devir a quem é próprio esquivar o presente" (*LS*, 9).

O acontecimento assim tem lugar num tempo sem duração, tempo paradoxalmente vazio, no qual nada se passa. O acontecimento é estático, ainda que pura mudança, e só é perceptível após — ou durante a efetuação, se esta for longa — numa espera interminável, na qual o não-ainda e o já nunca se destacam um do outro. Enquanto tal, o acontecimento não para de advir, é impossível que ele finde. Acontecer (*evenire*)[NT] é o que nunca cessa,

---

[NT] [Os dicionários ensinam que, a partir do latim *evenire*, o português

apesar da sua instantaneidade. No acontecimento *[87]*, os diferentes momentos do tempo não são sucessivos, mas simultâneos.

Então, o esquema ternário se complica. Não é somente o presente, é Cronos inteiro (sucessão dos presentes) que vacila. O acontecimento se desdobra em dois modos temporais concomitantemente, Cronos e Aiôn. O presente não poderia dar conta de si mesmo, pois, em si mesmo, em sua pretensão de continuar, ele não passa. Portanto, logicamente, ele só poderia passar em função de um passado puro (o virtual e sua atualização). Porém, ao longo do caminho a explicação subverteu o que ela tinha de explicar, e desemboca em coisa totalmente distinta de um presente que passa — a interminável instantaneidade do acontecimento (donde a palavra Aiôn, tirada dos estoicos). O instante não passa, pois nele coincidem o futuro e o passado. Já não se trata da velocidade relativa dos presentes variáveis ou dos meios; trata-se agora de uma velocidade absoluta, instantânea, pura diferencial de espaço-tempo que, assim sendo, já não mais depende de um espaço percorrido nem de um tempo determinado. A distinção de Cronos e Aiôn pode, portanto, ser enunciada de outra maneira: o tempo já não mede um movimento, ele já não é o "número do movimento". A conexão de subordinação é revertida, e agora o movimento é que é subordinado ao tempo, à sua heterogeneidade, à infinidade de suas dimensões (*DR*, 120; *IT*, 355; *CC*, 41). O acontecimento já não é o que tem lugar *no* tempo, simples efetuação ou movimento, mas a síntese transcendental do irreversível, que reúne e distribui o antes e o depois de ponta a ponta de uma cesura estática, o Instante. Disso deriva a sucessão, o "curso empírico do tempo" (*IT*, 354, 357).

Enfim, a distinção de Aiôn e de Cronos, do acontecimento e de sua efetuação, evita um puro e simples dualismo do espírito e do corpo, pois as efetuações físicas já implicam o que difere delas por natureza (o acontecimento). O espírito é realmente distinto do

pode chegar a "evento", a "advir" etc.; o francês chega a *évent* (hoje significando "ar livre"), logo substituído por *avénement* ("advento") e, finalmente, por *événement* ("acontecimento").]

corpo, mas não constitui uma ordem de existência originariamente separada ou independente: ele é a própria sensibilidade (ou o afeto), ou antes sua parte inefetuável e incorpórea, a coexistência virtual, pelo menos momentânea, que ela implica. O espírito emerge na superfície do corpo, o espírito é o acontecimento naquilo que ocorre. O aparente dualismo do corpo e do espírito deriva apenas do fato de que a linguagem, tornada precisamente possível — distinta *[88]* do corpo — graças a esse estatuto do acontecimento, é reduzida em seu uso corrente a uma troca de informações ou de opiniões que instala o pensamento em meios aparentemente separados (voltaremos a isso). Portanto, não se dirá que o espírito existe, mas que ele *insiste* no limite do corpo (e do cérebro), que ele *obseda* uma pura superfície, eminentemente frágil.

"O fundo do espírito" é primeiramente "delírio... acaso, indiferença" (*ES*, 4): um caos intensivo constituído de esboços evanescentes, de sensações fugazes, de vibrações não-ligadas. Para que o espírito *devenha sujeito* é preciso ainda que esses esboços sejam contraídos, conservados como "hábitos", e que a diferença assim produzida não seja igualada na recognição ativa de um meio. Os lampejos distintos-obscuros do pensamento se produzem nesse intervalo precário.

Capítulo V
DEVIR
[89]

De início, pensar mostrava-se dependente de um encontro, do surgimento de uma exterioridade: o sentido, que se implica e se explica no signo, era o contatar de duas dimensões heterogêneas. Tratava-se da hipótese transcendental de um campo de forças. Mas, agora, esse campo se confunde com o Tempo, diferença interna ou multiplicidade, complicação de diferenças ou de pontos de vista intensivos irredutíveis. Portanto, é preciso não só religar sentido e tempo, mas pensar o sentido como tempo, ou, sobretudo, como conexão de tempo. Dizíamos que a verdade era inseparável de uma *hora*, porque ela não preexistia ao ato de pensar, à sua revelação aqui e agora. Presentemente, devemos compreender que ela própria é uma hora: o que se revela é tão somente uma conexão de tempo. "A verdade está em conexão essencial com o tempo" (PS, 23). "Toda verdade é verdade do tempo" (PS, 115). Seria contrassenso acreditar que Deleuze consigna um conteúdo à verdade. Verdade *do* tempo certamente não significa "a propósito do tempo"; a revelação é uma apresentação do próprio tempo em sua multiplicidade. O que é verdadeiro é o tempo enquanto ele se apresenta. A verdade é aqui pensada como *devir*, independentemente de todo conteúdo.

Uma pessoa viva conhece presentes sucessivos que marcam as épocas de sua vida, e que não se alinham, mas que constituem planos diferentes, com saltos ou rupturas de um ao outro: uma vida não se desenrola do início ao fim no presente. Será que se trata somente de acontecimentos, de conteúdos do tempo, mais do que do próprio tempo? Certamente não *[90]*, pois o acontecimento implica uma potencialização, uma ordenação da existência, que fratura a duração, aparentemente contínua, em patamares heterogêneos; potencialização sem a qual não haveria passado. Os fatos que preenchem nossa vida têm lugar, portanto, em dimensões heterogêneas, e denominamos acontecimento a passagem de uma dimensão a outra: uma efetuação nos corpos, efetuação suficientemente singular para implicar uma mutação intensiva na escala de uma vida (encontro, separação etc.). Enamorar-se, deixar de amar não se alojam em presente algum. Para além dos atos e dos sentimentos, é das crises temporais, das subversões do presente, que o sujeito não sai ileso, idêntico ao que era.

Deleuze destaca o quanto, em Bergson, os níveis de passado puro diferem, por natureza, das lembranças, que representam efetuações. Uma dimensão, puro ponto de vista ou diferença de intensidade, não se confunde com o meio que dela deriva, "bloco de espaço-tempo" que constitui um presente periódico. Cada espaço-tempo envolve uma diferença de tempo, cada meio é a atualidade ou o desenvolvimento acabado de uma dimensão virtual. O meio *não se assemelha* à intensidade pura da qual ele é a atualização.

Signo 2: hábito, díspar, singularidade

Retomemos a análise dos conceitos de hábito e de meio. Diríamos que o hábito volta-se, de um lado, para a dimensão intensiva que é a sua; de outro, ele se volta para o meio que envolve essa dimensão. À força de repetição, a contração produz uma diferença denominada hábito, e que não é outra coisa que não o *signo* (*DR*, 100, 106). Ao contrário do significado corrente, a palavra hábito, aqui, remete menos à faculdade de reproduzir o idêntico ("repetição-medida", ou ladainha) do que à captação ou à "conservação" de uma diferença ("repetição-ritmo", ou *ritornelo*). Sem dúvida, de certo modo é a mesma coisa, como no caso de uma música muito ouvida que acabamos por não mais ouvir ou não mais aguardar: a segunda repetição é "somente" a representação empírica da primeira, a maneira pela qual ela aparece na representação (*DR*, 33). [91] Mas, precisamente, as duas repetições reduzem-se à mesma coisa apenas do ponto de vista da segunda, ou da representação, pois o que se pretende dizer com isso é apenas que elas se reportam ao mesmo objeto de recognição (tal peça de música).

Sob o presente periódico e mensurável, devemos, pois, considerar o retorno de uma intensidade que constitui o signo. A intensidade, com efeito, não dura; simples esboço, presente evanescente, ela tende a 0, seja qual for seu nível. Tais emergências nos manteriam em um puro caos se sínteses passivas não se efetuassem em nós, sínteses capazes de contrair as vibrações, o instante recorrente da intensidade. Dessas sínteses decorre a "repetição ativamente representada" (*DR*, 104), presente vivo ou meio, que converte o signo sentido na urgência de uma situação à qual é preciso reagir (*DR*, 107). Reagir, com efeito, é interpretar o signo, desenvolvê-lo (*DR*, 100). Todo meio, toda situação é, pois, condicionada por uma síntese passiva, sem a qual não seria possível reação alguma, pois o corpo sofreria uma excitação tão somente pontual, evanescente, simples lance, pulsação não ligada ("chicotadas que latem como artérias", *QPh?*, 189).[NT] O corpo se agarra aos meios como o espírito a *opiniões*, as quais constituem meios de pensamento, menos para pensar do que para agir intelectualmente, isto é, refletir (pensamento voluntário). A opinião submete as ideias a um encadeamento regrado, "segundo uma ordem do espaço e do tempo" (*ibid.*), e o falso dualismo do corpo e do espírito depende da instauração de tais meios de pensamento. O olho também tem seus meios, meios ópticos ou *clichês*, onde já não se trata de ver, mas de reconhecer e de "aí se reencontrar" (sobre os clichês: *IM*, 281-fim; *IT*, 32; e também *FB-LS*, 60). Um meio é exatamente uma ordem de conformidade com a qual se pode contar para agir: em idênticas condições de experiência esperamos que a mesma sensa-

---

[NT] ["*Des coups de fouets qui claquent comme des artères.*" Outras traduções seriam possíveis, como "chicotadas que latejam (ou batem, pulsam etc.) como artérias". Mantive "latem" — como aparece na tr. br. feita por Bento Prado Jr. e Alberto Alonso Muñoz (*O que é a filosofia?*, São Paulo, Editora 34, 1ª ed. 1992, p. 259; 2ª ed. 1997, p. 259) — não só por haver um controvertido elo etimológico entre *latejar* e *latir*, mas em homenagem ao bom humor que Bento Prado Jr. manifestou a mim por telefone ao defender essa escolha.]

ção se reproduza. Assim, o hábito induz uma espera, uma presunção ou uma pretensão que converte a retomada da diferença em uma reprodução do mesmo, que desdobra a sensação num campo ativo de representação. Mesmo um órgão é tão só um hábito reconhecido e, sendo assim, útil, de modo que o organismo remete a um *corpo sem órgãos* no qual os órgãos são sentidos antes de serem agidos, no qual as funções são outras tantas sensações constituintes, individuantes e problemáticas[NT] *[92]* sob seu trabalho periódico e reprodutor. Esse "corpo intenso" não se opõe aos órgãos, mas ao organismo enquanto coordenação de formas constituídas. A função orgânica, vivenciada como problema, se apaga diante de um puro *funcionamento* ambíguo, que libera um incessante e virtual nascimento de órgãos, emergentes-evanescentes (*AOE*, 384-396; *MP*, 6º platô; *FB-LS*, rubrica VII — a noção aparece em *LS*, 108, 220n, 230-231, 237, 261).

Um meio é a representação de uma diferença, de uma dimensão temporal que se atualiza na contração. Eis dois exemplos tirados de Proust. Combray foi um meio e ressurge muito tempo depois como um mundo originário: "Combray não ressurge como ele foi presente, nem como poderia sê-lo, mas num esplendor que nunca foi vivido, como um passado puro..." (*DR*, 115; *PS*, 19, 71, 75-76); "o em-si de Combray" é uma intensidade, um signo que envolve um mundo virtual. Inversamente, Albertine não é — ou ainda não é — um meio; ela o deviria se entre ela e o narrador se instaurasse uma relação conjugal regrada, submetida a pontos cardinais. Eis por que Albertine é tão interessante: enquanto o ardor explicativo do narrador (ação) não prevalecer sobre sua capacidade de ser desconcertado por ela (síntese passiva), ela é puro ritmo em sua vida, retorno incessante da diferença, mais do que reprodução de traços idênticos entregues à rotina do reconhecimento. O hábito contemplativo não é uma rotina, embora ele possa ser recoberto e pouco a pouco desfeito por ela, como a desigualdade rítmica o é pela ladainha.

[NT] [O termo *problématiques* foi acrescentado pelo autor na segunda edição do livro. O mesmo ocorreu a seguir com a expressão "vivenciada como problema" (*éprouvée comme problème*).]

Que é essa desigualdade envolvida na sensação? Essa questão encontra aquela da pluralidade de linhas de tempo num "mesmo" sujeito. Diante da questão "quem (ou que) sou?", Deleuze invocava hábitos, contrações que engendram espera e pretensão: sou o que tenho, o ser é um ter. Sou o que tenho, ou seja, sou inseparável de outra coisa cuja preensão me constitui: sou na medida em que preendo. Donde a retomada de um movimento conceitual plotiniano, retornar àquilo de que se "procede" para "contemplá-lo" (de modo que, no limite, nós mesmos somos contemplações):

> "Não nos contemplamos, mas só existimos contemplando, isto é, contraindo os elementos dos quais procedemos... e todos somos Narcisos pelo prazer que sentimos *[93]* ao contemplar (autossatisfação), ainda que contemplemos outra coisa que não nós mesmos... É sempre outra coisa... que é preciso contemplar primeiramente para preencher uma imagem de si mesmo" (*DR*, 101-102).

A objeção mecânica consistiria em dizer que, para contemplar, é preciso ser, e não o inverso; e, por conseguinte, ser um sujeito. Mas Deleuze remonta até aquém da receptividade (ou capacidade de perceber); vai a uma sensação originária que a constitui (*DR*, 107). Aliás, cabe notar que *A imagem-movimento* estabelece uma diferença de natureza entre o afeto e a percepção, estando esta última ligada à ação. Com efeito, a percepção de um meio supõe a contração prévia de seus elementos, mesmo que essa contração permaneça implícita ou recoberta pela representação, pela urgência da situação.[1]

Que será essa sensação originária? A contemplação se conecta com o afeto, que implica uma conexão de forças. Contemplar é captar uma ou várias forças, como um tecido devém um olho

---

[1] A contração surgiria como tal se a reação fosse diferida ou paralisada. Ver a imagem-afecção e, sobretudo, o óptico e o sonoro puros, nos quais se leva a cabo a passagem de *A imagem-movimento* ao *A imagem-tempo*, com a "ruptura do esquema sensório-motor".

quando consegue captar a luz. Captar é algo distinto de ser excitado, pois se trata de ligar a excitação, de fazer dela um princípio, de contrair suas vibrações sucessivas. Captar é um hábito, e o hábito é o produto positivo da conexão de forças. Contemplar, contrair, habitar são próprios da força subjugada que conserva o esvanecente, que enlaça uma relação em vez de deixá-la escapar. Ora, uma força não é separável de sua conexão com pelo menos uma outra força. A força passiva, *habitus*, contempla a conexão da qual ela procede, ela a conserva. A objeção não parece subsistir.

A sensação envolve "uma diferença de nível constitutiva, uma pluralidade de domínios constituintes" (*FB-LS*, 28-29). Deleuze denomina *díspar* esse sistema em que comunicam dimensões heterogêneas, e que condiciona todo acontecimento: nada apareceria, nada existiria se não houvesse conexões desiguais, se os cálculos de "Deus" dessem sempre certo (*DR*, 286). Uma "coisa" existe na medida em que ela aparece, não forçosamente a uma consciência humana, mas enquanto força que se afirma ao se exercer sobre outra coisa (poder de afetar), ou então *[94]* captando outra coisa (poder de ser afetado). O que mantém o mundo e tudo o que existe, qual é a *consistência* do mundo, se queremos realmente considerar que o que nos aparece na representação supõe uma sensação, um afeto, ou que o dado perceptivo supõe um aparecer, uma diferença "pela qual o dado é dado" (*DR*, 286)? O mundo que nós nos representamos se enlaça em conexões de forças; ele consiste, no sentido forte do termo, numa imbricação de afetos variáveis, que são os acontecimentos da Natureza. Um corpo não é uma coisa, uma substância, não tem realmente contornos, só existe enquanto afeta e é afetado, enquanto é sentido e sente. Que será um corpo senão certa maneira de pesar, de resistir, de opacificar etc. (*FB-LS*, 39)? A representação desencarna o corpo: não se dá forma sem contornar o corpo e subtrair-lhe o fora, sem lançar o fora ao exterior em vez de implicá-lo. A representação isola o corpo, ela o separa do que ele *pode*; a linha-contorno desenha, sobretudo, anjos, não corpos. O rosto, igualmente, só ganha corpo aparecendo, apagando-se, desviando-se, nunca no face a face (*MP*, 154 ss., 208-209; *IM*, 144). Em outros termos, o corpo de nada depende: ele não é, apenas *insiste* (*FB-LS*, 36). O mundo regular, homogêneo da representação envolve as *singularidades* a partir das quais ele se desdobra, e se desdobra como diverso. Deleuze mostra, assim, o papel da sensação na ciência. Não há ciência sem "observadores parciais" instalados "na vizinhança das singularidades", e que não a tornam subjetiva, pois eles são "pontos de vista nas próprias coisas". A própria ciência é perspectivista, no sentido especial definido por Deleuze: ela não alcança apenas uma verdade relativa, mas uma "verdade do relativo" (*QPh?*, 122-126).

Que será uma singularidade? A singularidade se distingue do individual ou do atômico no sentido de que ela não para de se dividir, de ponta a ponta, de uma diferença de intensidade que ela envolve. A singularidade é hoje um motivo muito propalado na filosofia contemporânea, mas importa, aqui, precisar seu sentido deleuziano, original e preciso. O conceito de singularidade está fundado na noção de "conexão diferencial" ou "díspar", que permite evitar uma redução do simples ao atômico e, por conseguinte, a confusão do singular e do individual. As singularidades [95] correspondem a valores de conexões diferenciais (*DR*, 228, 270-271, 356) ou a repartições de potenciais (*DR*, 154-155, 286-287, 356). O conceito tem, portanto, uma origem ao mesmo tempo matemática e física. Ele se forma a partir da teoria das equações diferenciais (e do papel dos "pontos singulares" na busca das soluções), e do estudo dos sistemas "metaestáveis". Mas ele se aplica, sem metáfora, ao campo existencial e mesmo ontológico, pois o próprio tempo implica diferenças de intensidade. A singularidade, segundo Deleuze, dá testemunho do paradoxo da diferença, o de ser uma e múltipla ao mesmo tempo, tal como um "ponto-dobra" (*Pli*, 20). A singularidade é, ao mesmo tempo, *pré-individual* e *individuante* (*DR*, 317-327). Os indivíduos, eles mesmos, não são singulares, ainda que se constituam "na vizinhança de" certas singularidades, de sorte que eles estão originalmente em conexão com outra coisa (*DR*, 154 ss.; *LS*, 136; *MP*, 314-315, 321, 457 ss., 507 ss.). Donde uma definição imanente do indivíduo pelos seus afetos, mais do que pela sua forma ou sua figura separada. Ao que sou sensível? Pelo que sou afetado? Só experimentando é que aprendo minhas próprias singularidades (*MP*, 314; *SPP*, 166).

Retornemos à sensação constituinte, à contração individuante. Nos deparamos agora com um dualismo latente das forças ativas e das forças passivas, e com a dificuldade de fazer coincidir as duas maneiras de pensar o signo, os dois esquemas de díspar: forças e pontos de vista. Duas diferenças entram em comunicação e ressoam conjuntamente de ponta a ponta de sua distância. Cada uma, em seu nível, envolve a outra, repete-a ou a retoma. A reciprocidade, ainda que desigual, é portanto inteira, e não induz uma clivagem ativo-passivo. E mais ainda: é cada diferença que, alternativamente, é implicante ou implicada, isto é, afetada-afetante. A única saída lógica é levar a clivagem à própria diferença, e considerar cada diferença como um sistema de ação e reação, estabelecendo-se a conexão entre as diferenças nos dois sentidos entre a atividade de uma e a passividade da outra. "Ao mesmo tempo, é cada força que tem um poder de afetar (outras) e de ser afetada (ainda por outras), de modo que cada força implica conexões de poder." Donde a distinção de uma matéria e de uma função da força (*F*, 78): a força é clivada, ela comporta um polo ativo e um polo passivo. *[96]*

Agora, podemos dizer em qual circunstância um ponto de vista devém reativo e reverte a hierarquia no seio da relação. Ele devém reativo quando está isolado, privado de distâncias e de perspectivas (ou então — outra formulação — quando uma singularidade é apartada dos seus prolongamentos). Assim, a força está "separada do que ela pode" (*NPh*, 26, 130), perde sua mobilidade, sua faculdade de passar pelos outros pontos de vista e de ser por eles afetada; em suma, ela perde sua aptidão para o devir. O ponto de vista seccionado opera, agora, como polo de identidade ou de reconhecimento absoluto, mínimo afetivo ou intensidade 0 ("buraco negro"); tudo o que ele não é devém nada, é negado. Subsiste apenas um pouco de raiva como derradeiro lampejo, como nas almas condenadas de Leibniz, "endurecidas numa só dobra que jamais desfarão" (*Pli*, 96-101). Poder que se conecta ao agir, bem como ao padecer; a força inativada está condenada a reagir, ao mesmo tempo em que seus afetos, aniquilados, se reduzem ao ressentimento. Finalmente, ativo e reativo são os dois polos de uma força essencialmente passiva, sensível, cuja aptidão para afetar deriva do poder de ser afetado (amar, não por força de ser amado, mas de sentir ou de ser sensível). A força percebe e sente antes de agir, e só induz um efeito em outrem em função do que ela sente. Será ela capaz de *dom* ou somente de competição (*IT*, 185-186)? De toda forma, nunca é a violência que afeta, pois em si mesma ela é apenas aterrorizante ou paralisante. O afeto emana sempre da força que se afirma e da vontade que ela exprime, mesmo que ela seja negativa (vontade de violência) — sendo a violência efetiva apenas o concomitante.

O dilema das forças e dos pontos de vista é eliminado, mas a ideia de uma individuação contemplativa apresenta ainda uma dificuldade lógica. O hábito consiste, com efeito, na captação de um ponto de vista (signo); ora, esse encontro supõe que a força captadora já ocupe um ponto de vista, se for verdade que um afeto, ou que uma conexão de forças, é o encontro de dois pontos de vista heterogêneos. Portanto, uma individualidade prévia parece pressuposta. Como evitar, então, o dilema de uma regressão ao infinito? É que a consequência rigorosa da individuação contemplante é esta: um sujeito só aparece na disjunção de dois pontos de vista; a disparação precede de direito a separação.[NT] A força só devém sujeito contraindo um hábito, passando *[97]* de um ponto de vista a outro: um ponto de vista isolado não é sensível, no duplo sentido do termo.[1] Somos hábitos contemplativos, mas nossas contemplações estão entre dois meios, aí onde algo devém sensível.

[NT] [O termo "disparação" (*disparation*), não dicionarizado em francês, foi empregado por Deleuze num momento anterior à publicação de *Diferença e repetição*, numa resenha da grande tese de Gilbert Simondon, *O indivíduo e sua gênese físico-biológica*, publicada em 1966 e republicada na coletânea *L'Île déserte et autres textes*, pp. 120-4 (tr. br.: *A ilha deserta e outros textos*, pp. 117-21, com tradução de Luiz B. L. Orlandi). Em *Différence et répétition* o termo é empregado sete vezes, algumas entre aspas e atribuído a Gilbert Simondon (*DR*, 304n1).]

[1] Eis por que o traçado de uma *linha de fuga*, no perspectivismo deleuziano, requer a coexistência de pelo menos dois pontos de vista e põe em crise a representação: ela (a linha de fuga) é devir, ela faz fugir a representação (*D*, 47-63; *MP*, 17).

Nascemos, consistimos ou devimos sensíveis tão somente *no meio*. Origens e destinações são apenas efeitos ilusórios da representação, quando o afeto declinou. O acontecimento está sempre no meio, e só no declínio é que aparecemos como coisas. Isso diz o quanto o sujeito é ambíguo (*LS*, 138-139). Sob o *cogito* constituído, que rentabiliza suas propriedades, há um Eu habito ou Eu sinto, que se confunde com essas coisas e com os pontos de vista que elas implicam: não há Eu sinto que não seja um Eu sinto *que devenho outro*. O hábito constituinte é passagem, transição.

Os devires contemplativos são a própria consistência de nossa existência, ou aquilo que faz com que nela distingamos alguma coisa, pontos salientes ou notáveis que nela brilham, relevos e singularidades, em vez de uma noite indiferenciada (o resto é ação, exploração ordinária dos meios). O afeto é o interessante por definição, o signo ou o que força a pensar — o *desejo*. Com efeito, o que é o desejo para Deleuze? Nem falta nem espontaneidade (*D*, 108, 116). O desejo é local e singular, e se confunde com as próprias contemplações, esses signos violentos que arrastam o sujeito num devir-outro, forjando-lhe uma vontade que quer seu retorno e a explicação. Portanto, o próprio desejo é uma *síntese passiva*, mais do que um impulso vazio que requereria exteriorizar-se. Ele começa fora ("o Fora, de onde vem todo desejo", *D*, 116), nasce de um encontro. A pulsão interior, pretensão ligada ao hábito contemplativo, é segunda relativamente ao encontro; remete a uma vontade impessoal conquistada no encontro e à qual o sujeito obedece; a um "quer-Se" ["*On veut*"] que pede o retorno do signo. O desejo remete a uma alegria primeira da diferença ou do afeto (sentido/sensação), e é uma alegria de descoberta, não de alívio, alegria de *aprender* que quer seu próprio retorno (*PS*, 14; sobre o liame do desejo e do sentido, ver *LS*, 30ª série; *AOE*, 129-130; *MP*, 313-315). Só se interpreta e se vive [98] o desejo como falta, bem como o prazer como supressão do desejo-falta, à força de se tomar o efeito pela causa, como na inversão dialética. Inseparável de uma conexão [*connexion*], de um agenciamento variável de componentes heterogêneos que produz o afeto, o desejo é *máquina* (*D*, 108, 115-116, 119-120, 125-127; *MP*, 191-192).

Síntese disjuntiva e diferença ética

A heterogeneidade ou a divergência de pontos de vista só se afirma como tal no curso de um devir: um ponto de vista supõe originariamente um outro ponto de vista pelo menos, com o qual ele está em conexão. Só um encontro faz advir os pontos de vista em sua diferença respectiva e constitutiva. Um ponto de vista só se apreende como o que ele é — pura diferença — em sua diferença com outros pontos de vista. Separadamente, ele é apenas uma maneira subjetiva de representar o mundo a si. A representação igualiza os pontos de vista e só mantém uma divergência relativa por se tratar de um objeto comum percebido sob diversos ângulos. Mas o que torna sensível a diferença dos pontos de vista é a diferença, o díspar, o signo. A sensação (ou o afeto) supõe tal disparidade, e a emergência concreta de um ponto de vista remete a tal sistema. Um ponto de vista só devém sensível em sua diferença com um outro ponto de vista pelo menos. Aí está uma nova razão para enunciar que um meio supõe sempre um outro meio pelo menos, à distância do qual ele aparece.

O díspar preside à diferenciação. Em que sentido, aí, há devir ao mesmo tempo? Cada um dos dois pontos de vista devém sensível em sua diferença com o outro, mas passando também pelo outro no mesmo lance, pois a coexistência dos pontos de vista é um envolvimento mútuo (a diferença como conexão positiva). O díspar faz fugir a representação; a diferença dos pontos de vista traça uma linha de fuga. Um sujeito nasce no coração do sistema, ambíguo, de saída dividido, pois a distância que ressoa é dupla e desigual. O sujeito é um vai e vem, um ir e retornar, um "sobrevoo" dissimétrico (*QPh?*, 198). Um ponto de vista *[99]* se afirma diferenciando-se de outro, e esse processo mesmo supõe que ele passe pelo outro ou devenha o outro ("apenas com uma diferença de nível"). O processo de diferenciação remete, portanto, a uma *zona de indiscernibilidade* na qual os pontos de vista se intercambiam passando um pelo outro (*IT*, 93-96, 109, 264; *CC*, 92). O díspar é "distinto-obscuro", o que também quer dizer: "distinto, mas indiscernível" (*IT*, 95), "[virtualmente] diferenciado sem ser [atualmente] diferenciado" (*DR*, 276).^NT Ele é uma ligação não localizável (*DR*, 113; *IT*, 169). Não se sabe "onde acaba algo, onde começa outra coisa" (*IT*, 201), como nessas negociações das quais "já não se sabe se ainda fazem parte da guerra ou já da paz" (*P*, 7). Reencontramos Aiôn aqui, e a insolúvel imbricação das duas questões: que se passou (velocidade infinita de um resultado)? Que vai se passar (lentidão infinita de uma espera)? Na transição das perspectivas, não devimos sensíveis sem devir, ao mesmo tempo e por isso mesmo, *imperceptíveis*. Todavia, é aí que nós nos distinguimos, que somos distinguidos, que temos acesso ao "nome próprio" e que devimos "alguém".

"Amar aqueles que são assim: quando entram num lugar, não são pessoas, caracteres ou sujeitos; é uma va-

---

^NT [Em francês: "différentié sans être différencié". A tradução proposta acima ("virtualmente diferenciado sem ser atualmente diferenciado") requer uma justificação. A primeira edição brasileira de *Diferença e repetição* traduzia "différentié" por diferençado e "différencié" por diferenciado. A segunda edição inverteu isso, mas sem uma nota explicativa, o que confundiu muitos leitores. Impõem-se, portanto, as seguintes observações: a respeito dos vocábulos *différentié* e *différencié*, que o francês distingue alternando *t* e *c* (alternância facilitada pela herança da expressão matemática *t/c*), podemos, em português, aplicar uma distinção filologicamente legítima, além de ser conceitualmente necessária na tradução da obra de Deleuze, uma vez que seu modo de pensar a conexão entre os conceitos de virtual e de atual é decisiva em todos os seus escritos. Respeitando isso, mas sem o socorro da referida expressão, o tradutor pode empregar os vocábulos "diferençar", "diferençado", "diferençável", "diferençação" etc., distinguindo-os, assim, da série "diferenciar", "diferenciado", "diferenciável", "diferenciação" etc. O conceitualmente importante, em última análise, é escolher uma das séries como vocabulário do virtual e a outra como vocabulário do atual. Mas, como o texto aqui traduzido é de Zourabichvili, prefiro marcar a diferença conceitual com o emprego de advérbios (neste caso "virtualmente diferenciado" traduzindo *différentié*, e "atualmente diferenciado" traduzindo *différencié*). A respeito do saber matemático relativo à expressão *t/c* aí subentendida, o leitor é livre para buscar informações categorizadas, sempre úteis, conquanto submetidas à singularidade da criação conceitual filosófica que prevalece em relação a Deleuze.]

riação atmosférica, uma mudança de cor, uma molécula imperceptível, uma população discreta, uma bruma ou névoa" (D, 81).

A mais profunda ideia de Deleuze talvez seja precisamente esta: que a diferença é principalmente comunicação, contágio dos heterogêneos; em outros termos, a ideia de que uma divergência nunca explode sem contaminação recíproca dos pontos de vista. "A disjunção deixa de ser um meio de separação, o incompossível é agora um meio de comunicação... A exclusão dos predicados é substituída pela comunicação dos acontecimentos" (LS, 203-204). O encontro conceitual do Fora e da Implicação, a *in*-determinação do tempo como exterioridade complicada ou diferença interna, conduzem ao conceito de *síntese disjuntiva* como natureza própria da relação (Deleuze diz às vezes "disjunção inclusa" — E, 59-60; CC, 139). Graças à própria heterogeneidade dos termos, religar é sempre pôr em comunicação uma parte e outra parte de uma distância. Um encontro efetivo não é certamente fusional; é preciso toda uma "polidez", uma arte *[100]* das distâncias (nem muito perto, nem muito longe).[1] A indiscernibilidade dos pontos de vista não equivale a uma homogeneização, como na física, em que os potenciais disparatados tendem a se repartir de igual maneira quando entram em conexão. É que o díspar torna os pontos de vista indiscerníveis, mas de modo algum indistintos.

A grande ideia, portanto, é esta: os pontos de vista não divergem sem implicar-se mutuamente, sem que cada um "devenha" o outro numa troca desigual que não equivale a uma permutação. Essa ideia deriva do conceito de multiplicidade, segundo o qual uma pura diferença só tem com outras uma conexão de diferença, mas só se afirma precisamente como tal à distância das outras. Um ponto de vista só se afirma ou devém sensível medindo a distância que o separa dos outros, indo ao extremo da distância, passando pelos outros pontos de vista. Se é verdade que um ponto de vista

---

[1] Ver a inesquecível homenagem a François Châtelet [1925-1985] de 28 de novembro de 1987, da qual *Péricles e Verdi* constitui o resumo: PV, 13-14.

só se atualiza fazendo com que o outro passe, já que dois pontos de vista não podem coexistir atualmente, o processo não deixa de implicar a coexistência virtual dos pontos de vista, seu mútuo envolvimento e retomada mútua — "ponto de vista sobre o ponto de vista", nos dois sentidos (*LS*, 205).

Virtual não se opõe aqui a real, mas a atual (*DR*, 269). Com efeito, é preciso que a coexistência virtual seja plenamente real, pois ela condiciona o afeto, o qual é a própria consistência do existente. Mas como pode ser vivida essa coexistência se há sujeito tão somente individuado? Em outros termos, qual é a consistência desse "sujeito larvar" evocado acima? A resposta está na recente noção de *cristal de tempo*, que torna precisa a natureza do distinto-indiscernível (*IT*, cap. IV). O que deixou de ser discernível no devir não são apenas os pontos de vista, mas a própria dualidade do atual e do virtual. Deleuze descreve uma "imagem bifacial, atual *e* virtual" (*IT*, 93), em que a distinção do atual e do virtual subsiste devindo inassinalável (como no cinema de Ophuls, Renoir, Fellini e Visconti — ver também *CC*, 83). O atual não se dissipou em proveito do virtual, pois isso não seria precisamente vivível, mas deveio impossível localizá-lo. Vê-se, portanto, como a [101] coexistência virtual pode ser vivida: na permutação incessante do atual e do virtual. O sujeito persiste, mas não se sabe *onde*. O sujeito do devir é dito larvar porque indecidível e problemático.

A possibilidade de conservar o afeto como tal e não sua recaída, de torná-lo incessante, de atingir, por conseguinte, o interminável tempo vazio de Aiôn, define a aposta *prática*: criação de arte ou de filosofia (embora Deleuze conceda um estatuto criativo à ciência, pois ela também "enfrenta o caos", ele mostra que ela não tem por objeto conservar o acontecimento). Uma filosofia não é um ponto de vista, e menos ainda tem por meta conciliar pontos de vista. Ao contrário, ela os faz disjuntar; ela percorre distâncias e cria os signos capazes de conservá-los como tais (conceitos). Também a arte, que não representa o mundo, mas por sua vez o faz disjuntar por perceptos e afetos. O pensador não é iluminado por uma luz natural; ele disjunta forçosamente, mas disjuntar produz menos o buraco negro do que a luz colada ao negro ("distinto--obscuro"), lampejo ou fogo-fátuo, relâmpago. Não o autismo e seu desmoronamento, mas a esquizofrenia como *processo* ou devir (*DR*, 43, 155, 190-191, 250-251; *AOE*, 11, 89-93).

"Ponto de vista sobre um outro ponto de vista": este enunciado, que seria absurdo no mundo da representação, ganha um sentido no nível virtual. Os pontos de vista não se tocam, não são contíguos. Não há panorama, mesmo virtual, do conjunto dos pontos de vista, pois isso seria manter todos os caracteres da representação, mas somente cristais de tempo, nos quais o atual já não é assinalável. A consistência do virtual é a própria mobilidade dos pontos de vista, cada um envolvendo os outros, mas apenas ao se envolver por sua vez neles, de ponta a ponta de uma fronteira inapreensível. Essa mobilidade, essa imbricação incessantes se esfumariam com a realização do devir, isto é, com a atualização acabada de um dos pontos de vista. Com efeito, isto seria dar um fim à distância positiva que torna sensíveis os pontos de vista e abandonar o campo das diferenças absolutas pelo campo da representação e da ação, campo este no qual a diferença é tão só o inverso de uma semelhança relativa.

Todavia, não basta dizer que o sujeito nasce na disjunção. Inseparável de uma identificação, ele não se confunde *[102]* com ela. Eu sinto que devenho outro: o sujeito está sempre no passado, ele se identifica com o que ele cessa de ser ao devir outro e, mais do que "Eu sou", o *cogito* se enuncia "Eu era" — outro modo de dizer "Eu é um Outro" (*LS*, 360). O sujeito vai da disjunção inclusa, que o inaugura, à identificação exclusiva que o separa do que ele devém. A primeira pessoa é sempre retrospectiva, o sujeito é "sem identidade fixa, sempre descentrado, *concluído* dos estados pelos quais ele passa": "Então era isso! Então sou eu!" (*AOE*, 27). Essa filosofia — será preciso deixar claro? — não elimina o sujeito, ao contrário do que às vezes se diz quando, para tranquilizar-se, apresenta-se uma refutação fácil. De fato, passamos nosso tempo a dizer Eu, a nos identificar, a nos reconhecer e a declinar nossas propriedades. O que Deleuze mostra é que o sujeito é efeito e não causa, resíduo e não origem, e que a ilusão começa quando ele é tido justamente como origem — dos pensamentos, dos desejos etc. Começa, então, a longa história da origem, cuja busca é tanto mais urgente quanto, forçosamente, é ela menos encontrável: história de angústia e de neurose, viagem no buraco negro. É próprio da identidade ser perdida, e é próprio da identificação começar sempre muito tarde, após.

Tirar as consequências disso é afirmar a vida como aquela "coerência secreta que exclui a do eu", afirmar um "homem sem nome, sem família, sem qualidades", como aquele que eu devenho ou não paro de devir, ou que eu sou enquanto devenho (*DR*, 121). Já não é somente a fenda, que me separa do que eu era (matéria do passado), deixando o sujeito suspenso no vazio, incapaz de se reencontrar. É uma *ruptura* com a própria forma do passado, ruptura que nos torna capazes de amar (*MP*, 244). Aiôn, o tempo vazio ordinal do acontecimento, não para de fazer advir *se* (*on*) ali onde estava *eu* (*je*). Uma última reformulação do *cogito* poderia então ser esta: *Pensa-se* ("*On pense*"), ou ainda *ele pensa* ("*il pense*"), como quando dizemos que *chove* ("*il pleut*") ou que *venta* ("*il y a du vent*") (*D*, 78; *MP*, 324).^NT O afeto só pode ser sentido por um sujeito, mas de modo algum isso implica que ele seja pessoal ou que ele seja de ponta a ponta o seu. Ao contrário, o sujeito o sente num extravio de si que não o deixa tal como estava anteriormente. Do mesmo modo, ele devém meu afeto, mas enquanto devenho outro e à medida que a intensidade recai. Que a forma do Eu não coincida com o afeto não concerne somente à descrição *[103]* psicológica deste; ela decorre de sua própria lógica. A consequência é que um sujeito não devém outro a partir de uma identidade que seria originariamente a sua. Só há as identidades concluídas de seus devires, multiplicidade indecisa e aberta

---

^NT [O termo latino *cogito* que aparece aí remete à célebre frase *cogito ergo sum* (penso, logo existo), que o filósofo René Descartes escreveu primeiramente em francês (*je pense donc je suis*) na parte IV do seu *Discurso sobre o método* (1637) e, em latim, nos *Princípios de filosofia* (1644), momento em que ele qualifica sua expressão como "a primeira e mais segura descoberta que pode ocorrer àquele que filosofa de modo ordenado" (*Princípios*, I, 7). Na reformulação desse *cogito*, tal como aqui sugerida pelo autor, o pronome pessoal da primeira pessoa do singular (*je* em francês e "eu" em português) é substituído em francês por *on* (pronome indefinido masculino singular), e aqui traduzido por "se" (pronome pessoal da terceira pessoa do singular).]

que não para de deslocar seu centro, diferindo de si. Outrem, dado que remete à alteridade constitutiva dos pontos de vista, é primeiro em relação ao sujeito, e preside à divisão do eu e do não-eu (*LS*, 356-361).

Compreende-se agora que a revelação da hora seja coisa distinta de um simples conteúdo desvelado ao sujeito pensante. Ela desloca o sujeito abrindo-o à multiplicidade de suas individuações possíveis; ela põe em crise o modelo tradicional da verdade, fundado sobre a identidade e a recognição (*IT*, 170). A verdade, segundo Deleuze, é o afeto (sensação/sentido), uma vez que coloca em perspectiva possibilidades heterogêneas de existência. Ela é o surgimento da distância *na* existência, da divergência *no* mundo. A verdade é *diferença ética*, avaliação de modos imanentes de existência em sua síntese disjuntiva.

Nada mostra melhor a incompatibilidade das duas concepções da verdade — recognição e "arte das distâncias" — do que a escalada das *potências do falso* na narração. De Melville a Borges, de Orson Welles a Resnais e a Robbe-Grillet, o devir emerge como tal na literatura e no cinema graças a procedimentos falsificadores capazes de produzir na linguagem e na imagem a indecisão própria da vida e do corpo, de manter "alternativas indecidíveis" e diferenças inexplicáveis (*IT*, cap. V-VI e 264; *CC*, 132-133). É ao mesmo tempo que "a narração devém temporal *e* falsificadora" (*IT*, 172). Aos olhos do "homem verídico", que exige informação, que conta com uma "realidade" una e objetiva, em que todas as disjunções são exclusivas (ou... ou...), o mundo imanente aparece forçosamente como uma gigantesca trapaça — como se um Deus trapaceiro, neobarroco ou neoleibniziano, tivesse feito passar à existência todos os mundos incompossíveis ao mesmo tempo (*Pli*, 84 — sobre o trapaceiro, que "impõe uma potência do falso como adequada ao tempo", ver *IT*, 173). As "verdades do tempo" são falsificadoras do ponto de vista da recognição.

A diferença ética se distingue absolutamente da oposição moral, pois que a questão já não é a de julgar a existência *[104]* em geral em nome de valores transcendentes, sem perceber a variedade e a desigualdade de suas manifestações (*SPE*, cap. XVI; *SPP*, cap. II). Ela depende de uma avaliação imanente: a emergência do valor é inseparável de uma experiência, confunde-se com a experiência.^NT Uma clivagem axiológica persiste para além da alternativa^NT da transcendência e do caos, mas com base num critério imanente, inerente à própria experiência,^NT que não dá razão nem à moral nem ao niilismo: a intensidade afetiva, a diferença sentida entre pelo menos dois sistemas de intensidades afetivas. Não há critério menos "subjetivo", apesar das aparências, pois o afeto implica precisamente a falência da interioridade constituída e só emite seu veredicto numa franja inassinalável, na qual as pessoas já não se reconhecem (ver *supra* cap. II); nada há de menos arbitrário do que isso, uma vez dito que a necessidade se conquista na prova do fora (ver *supra* cap. I).^NT

> "Não temos a menor razão para pensar que os modos de existência tenham necessidade de valores transcendentes que os comparariam, os selecionariam e decidiriam que um é "melhor" que o outro. Ao contrário, só há critérios imanentes, e uma possibilidade de vida se avalia nela mesma, pelos movimentos que ela traça e pelas intensidades que ela cria sobre um plano de imanência; é rejeitado o que não traça nem cria. Um modo de existência é bom ou mau, nobre ou vulgar, pleno ou vazio, independente do Bem e do Mal, e de todo valor transcendente. Não há outro critério senão o teor de existência, a intensificação da vida" (*QPh?*, 72).

---

^NT [Esta porção do texto, iniciada em "Ela depende" foi acrescentada à segunda edição do original.]

^NT [A primeira edição acrescentava o termo "dogmática" após o termo "alternativa".]

^NT [O segmento "inerente à própria experiência" elimina o segmento ": a ética, segundo Deleuze".]

^NT [Este final de parágrafo, iniciado após "niilismo", substitui o que constava na primeira edição, que era o seguinte: "O critério imanente só pode ser a intensidade, a escala afetiva do *alto* e do *baixo* e, por conseguinte, do *bom* e do *mau*" (em vez do Bem e do Mal: *SPP*, cap. II e III).]

Quais afetos e qual possibilidade de vida emanam de tal modo de existência? Ele nos aprisiona na angústia ou, ao contrário, é rico em afetos? Inversamente, qual será o modo de existência para tais afetos? E quais seriam as condições de um modo de existência que comprometesse menos que outros o devir e a oportunidade de novos encontros, de novos afetos?^{NT} O critério imanente da ética é também o da cólera e da criação sociais ("Os poderes têm menos necessidade de nos reprimir do que de nos angustiar", D, 76). Todavia, a revolução vale menos pelo seu porvir, suposto ou efetivo, do que pela potência de vida que ela manifesta aqui e agora (devir). Quando seus lampejos imanentes desaparecem sob a irradiação abstrata de um ideal ou fundamento que a si subordina a prática, a cólera é posta a serviço do Juízo, e os condenados conhecem sua hora de *[105]* glória.^{NT} Começa, então, o interminável cálculo paranoico dos desvios ou diversionismos, das fidelidades e das traições, em suma, dos graus de participação relativa na Ideia, num furor de recognição que se opõe ao caráter profundamente indecidível de todo devir social ou revolucionário (*S*, 95; *MP*, 590-591; *CC*, 170).

Simplificando ao extremo, podemos dizer que a escala intensiva comporta um mínimo, pelo menos: o ponto de vista isolado, separado do que ele pode, aquele de uma existência fixada, vivendo de opiniões e de clichês, angustiada e vingativa (o condenado, segundo Leibniz). Mas também um máximo: o ponto de vista criador, aquele de uma existência em devir absoluto, capaz de apreender e de "conservar" as distâncias, de sentir a diferença do alto e do baixo: *devir-intenso, devir-imperceptível*. Entre esses dois li-

---

^{NT} [Na primeira edição constava a seguinte passagem neste ponto: "Como os modos de existência não são indiferentes às condições sociais, tais questões ocupam evidentemente o campo político".]

^{NT} [Esse trecho que se inicia em "Todavia" e finda em "glória" substitui este outro, presente na primeira edição: "É verdade que a revolução sabe devir reativa, e que os condenados conhecem sua hora de glória quando ela subordina a prática a um fundamento e substitui pela irradiação abstrata de um futuro os clarões imanentes de um devir aqui-e-agora, colocando toda a sua cólera a serviço do Juízo".]

mites, uma existência em devir relativo, que sente distâncias, mas de maneira fugidia, incapaz de contraí-las ou de contemplá-las, de fazê-las revir. Ora, "nada é mais doloroso, mais angustiante, do que um pensamento que escapa a si mesmo, ideias que fogem, que desaparecem apenas esboçadas, já corroídas pelo esquecimento ou precipitadas em outras que dominamos ainda menos" (*QPh?*, 189).¹

O "melhor" ponto de vista é, em suma, um ponto de vista limite: ele só é melhor porque passa por todos os pontos de vista, porque ele afirma e vive a diferença ética. Ele não ignora os pontos de vista baixos, ele os vive mesmo intensamente, e considera, a partir deles, o conjunto das possibilidades de existência, disposto a, em seguida, inverter a perspectiva e percorrer a distância no outro sentido (a baixeza vista do alto).^NT E reencontramos sempre a ideia de que não há várias verdades, mas uma verdade que é, ela mesma, múltipla e diferenciada. A verdade é a prova da diferença ética, onde a vida "não se divide sem mudar de natureza" a cada nova distância percorrida, a cada nova perspectiva conquistada. A diferença ética é ritmo. Devir intenso, ou imperceptível, é condensar as épocas *[106]* sucessivas, as linhas simultâneas, as possibilidades sentidas na síntese disjuntiva de um só e mesmo Acontecimento, no sistema aberto e ressoante da vida.

Ritornelo, hecceidade, discurso indireto livre

A verdade como [*uma*] hora é hábito contemplativo, signo, devir. De modo algum desenvolver o signo é buscar um sentido

---

¹ Para o esboço de uma tipologia imanente, ver *NPh*, cap. IV e 56-59 (determinação do conceito de vontade de potência como princípio imanente, "plástico", "não mais amplo do que aquilo que ele condiciona", logo já semelhante a uma multiplicidade intensiva). Ver também *LS*, 21ª série; *IT*, 179-192; *SPP*, cap. VI; *CC*, cap. VI, X, XII, XV.

NT [Na primeira edição constava a seguinte passagem neste ponto: "Nesse sentido, devir-besta é próprio do pensamento, sua maneira de *contra--efetuar* a besteira".]

oculto, pois o sentido se confunde com o próprio dinamismo do desenvolvimento; desenvolver o signo é conseguir repeti-lo, é repetir o puro movimento, é conseguir contraí-lo num signo que é preciso denominar *ritornelo*. Por ritornelo entende-se um traço de expressão que corresponde a um caso ou a uma circunstância, e que só se entoa "quando é chegada a hora" (*P*, 40; *E*, 72). Esse tipo de signo aparece, primeiramente, na música, mas ele não é propriamente musical, pois nada impede de inventar ritornelos literários, cinematográficos, filosóficos, conforme o conceito que se lhe dê: traço de expressão ligado a uma hora, incansável recorrência de uma singularidade (*MP*, 11º platô).[1] Ora, se o conceito imanente é a expressão de uma hora, ele será definido, sem metáfora, como um ritornelo (*QPh?*, 26). Expressão de uma hora deve ser aqui entendida no mesmo sentido de "verdade do tempo": não o conteúdo da hora, mas a expressão que lhe corresponde, ou o que se exprime nessa hora.

A verdade é a hora captada por um ritornelo, mas se lembrarmos que o sujeito nasce de uma hora e devém outro quando ela muda, compreenderemos que a hora, por sua vez, merece o nome de *hecceidade*: um modo original de individuação. Deleuze presta, aqui, homenagem a Duns Escoto, que no século XIV renovou o problema da individuação ao recusar a alternativa tradicional pela *[107]* matéria/pela forma. Duns Escoto criou, então, a palavra "*haecceitas*" para designar positivamente a singularidade individual. Mas a conivência não vai além disso, pois ele concebia a hecceidade como uma individuação *da* forma, ao passo que Deleuze pensa através dela uma individuação intensiva, acontecimen-

---

[1] Eis por que o ritornelo é a marca de um "território". Reencontra-se aqui a determinação do signo como diferença: o ritornelo não delimita um território sem envolver, no mesmo lance, o fora do qual o território se distingue sem destacar-se dele. Portanto, o ritornelo implica, virtualmente, um movimento de "desterritorialização", e remete o território, à vista disso nunca originário, a uma "Terra" — ou plano de imanência, ou corpo sem órgãos —, que ele pressupõe e onde ele se inscreve. Hora e território: o ritornelo exprime o duplo aspecto da individuação, uma conexão com a exterioridade que é também conexão de tempo. [NT Esta nota não aparece na primeira edição.]

tal, por conseguinte móvel e comunicante.^NT A singularidade era dita pré-individual e individuante relativamente aos indivíduos formados e separados; é a mesma coisa que defini-la aqui como a individualidade própria ao acontecimento.

Trata-se, então, de mostrar que o devir é, ao mesmo tempo, uma perfeita individualidade e que essa individualidade é imbricativa e não para de comunicar com outras. Hecceidade designa uma individualidade acontecimental e se opõe à ideia herdada segundo a qual, tanto na existência (um corpo ou uma pessoa) quanto na arte (uma obra), não haveria individualidade sem forma. O princípio informal de individuação é a intensidade:

> "Um grau de calor é um calor perfeitamente individuado que não se confunde com a substância ou com o sujeito que o recebe. Um grau de calor pode compor-se com um grau de branco, ou com outro grau de calor, para formar uma terceira individualidade única que não se confunde com a do sujeito. Que é a individualidade de um dia, de uma estação ou de um acontecimento? Um dia mais curto ou um dia mais longo não são, propriamente falando, extensões, mas graus próprios da extensão, assim como há graus próprios do calor, da cor etc." (*MP*, 309-310).

O acontecimento se define pela coexistência instantânea de duas dimensões heterogêneas num tempo vazio, no qual futuro e passado não param de coincidir e até de meter-se um no outro, distintos, mas indiscerníveis. O acontecimento propriamente dito é o que vem, o que ocorre, dimensão emergente não ainda separa-

---

^NT [Neste ponto a primeira edição remetia à seguinte nota: "Anotemos que Deleuze se refere igualmente a Duns Escoto para o conceito de *quantidade intensiva* (*SPE*, 179). Seu escotismo é à imagem do seu leibnizianismo: nos dois casos trata-se de destacar num autor temas independentes para fazê-los ressoar conjuntamente e tirar disso um conceito novo. Por exemplo, em relação a Leibniz, a telescopagem {engavetamento} das mônadas e dos mundos possíveis".]

da da antiga. O acontecimento é a intensidade que vem, que começa a se distinguir de uma outra intensidade (o tempo é "um perpétuo *Se-distinguir*", IT, 109). A intensidade é simples, singular, mas sempre se conecta a pelo menos uma outra intensidade, da qual ela se destaca. Como no caso da conexão de forças, trata-se de uma relação essencial, embora não compreendida na natureza dos termos, pois a intensidade está em conexão com *outra* intensidade, e só se conecta com ela na medida em que dela se distingue. A intensidade é nascente tanto quanto evanescente. Portanto, podemos *[108]* sustentar ora que a intensidade é a comunicação de termos heterogêneos, ora que os próprios termos heterogêneos são intensidades: quaisquer que sejam as aparências, não há círculo nem regressão ao infinito. Neste sentido, a simplicidade do grau envolve sempre uma diferença de graus ou de níveis, uma vez dito que a diferença de grau é aqui uma diferença de natureza. Reencontramos a dupla característica da singularidade: ser simples e implicar, no entanto, uma divisão, uma conexão diferencial.

A hecceidade, portanto, comporta uma passagem, uma mudança. A intensidade só vem no entre-dois, uma hora implica sempre a diferença de duas horas (*MP*, 321). A hecceidade está ligada a uma mudança atmosférica na natureza ou no espírito: a hora é sempre crepuscular, *Zwielicht* (distinto-obscuro), "entre cão e lobo" (*MP*, 385, 420). Ou então "o 'cinco horas da tarde', de Lorca, quando o amor cai e o fascismo se eleva" (*MP*, 319).[NT] As determinações se imbricam, o atual e o virtual devêm inassinaláveis. Portanto, o ritornelo é, igualmente, cristal de tempo (*MP*, 430-431). A intensidade não é um meio, mas ela cai no estado de meio quando [atualmente] diferenciada[NT] ou separada daquilo de que ela se distingue. Ela perturba a batida regular de um modo de existência, fazendo-o passar num outro, comunicar com outro: ela

---

[NT] [Referência ao verso — "*a las cinco de la tarde*" — que retorna ao longo do poema do poeta espanhol assassinado pela ditadura de Franco, Federico García Lorca (1898-1936), *La Cogida y la muerte*, em *Llanto por Ignacio Sánches Mejías*, 1935.]

[NT] [Ver nota do tradutor à p. 132.]

é *ritmo* ou velocidade absoluta. "Mudar de meio, reproduzindo com energia, é o ritmo" (*MP*, 385). A verdade é tempo e diferença ética, pois a própria diferença ética é ritmo, confrontação disjuntiva de velocidades existenciais variáveis e relativas (*SPP*, 165-166). A hecceidade não é um espaço-tempo qualificado, mas um puro *dinamismo espaço-temporal* que não combina empiricamente dois espaços-tempos preexistentes, mas, ao contrário, preside a sua gênese. Ela é o pôr-se em comunicação das dimensões heterogêneas do tempo, de onde derivam os espaços-tempos. Ela é o nascimento de um espaço-tempo, "começo de mundo" ou "nascimento do próprio Tempo" num dinamismo espacializador (*PS*, 58-59). Portanto, a hecceidade é uma espécie de esquema kantiano revertido, pois o dinamismo não mais opera em conformidade com o conceito, mas, ao contrário, subtende sua criação. O signo que força pensar induz um *drama* no pensador, drama que este deve chegar a conservar num conceito (*DR*, 279 ss.). *[109]*

Objeta-se a isso que o dinamismo espaço-temporal que preside à formação do conceito é abstrato e metafórico. Mas talvez se compreenda mal a natureza do abstrato. Se a filosofia é abstrata, forçosamente e para sua glória, é na medida em que ela recolhe o espaço-tempo em seu momento genético, em vez de dar a si, como objeto, espaços-tempos qualificados que ela designaria e comentaria de maneira geral. Um conceito é a captura de um drama ou de um puro dinamismo, e é o próprio dinamismo ou o devir que é abstrato: ele traça uma linha de fuga entre pontos de vista, linha justamente dita abstrata. O conceito remete, portanto, a uma singularidade, indiferente à alternativa do geral e do particular (*LS*, 67), e introduz uma autêntica abstração na linguagem.

O abstrato não é, portanto, um domínio espiritual que se oporia à natureza, mesmo que ele só possa ser recolhido pelo espírito, ou, mais exatamente, pela linguagem. Deleuze mostra que o sentido não se reduz à significação, visto que esta se reporta à designação de um estado de coisas concreto (*LS*, 3ª série). A consistência do mundo está no afeto ou sensação; em outras palavras, ela está no acontecimento que torna distinto um estado de coisas. Mas, como vimos, esse acontecimento não é do corpo, ainda que ele ocorra aos corpos; ele está no limite dos corpos, na passagem de um estado de coisas a outro (por exemplo, crescer). O acontecimento é incorpóreo e se desvanece na atualização do novo estado de coisas. Ora, a linguagem só é possível, isto é, uma conexão proposição-coisa só é pensável em virtude desse elemento incorpóreo que deve ser atribuído aos corpos, ainda que se distinga realmente deles (*LS*, 26ª série). É pelo acontecimento que a linguagem está em conexão com as coisas. A questão da verdade ou da falsidade da proposição só intervém em seguida; ela supõe essa conexão primeira, pois é preciso que uma proposição, mesmo falsa, tenha um sentido (*LS*, 3ª série). Assim, por ser o efeito incorpóreo de misturas de corpos, o acontecimento é o *expressável* por natureza, o que torna a linguagem possível: Deleuze reencontra aqui o *Lekton*[NT] estoico (*LS*, 2ª série). Sem dúvida, uma proposição designa e significa um estado de coisas, mas ela não poderia fazê-lo sem envolver o acontecimento incorpóreo que ele encarna. O acontecimento é recolhido na linguagem pelo verbo em sua forma *infinitiva* (*LS*, 26ª série). O infinitivo, com efeito, exprime tão somente um puro dinamismo espaço-temporal. *[110]* "Crescer" é abstrato, ainda que só possa ser dito dos corpos. A abstração é um processo apreendido por si mesmo em sua singularidade, um início de atualização interminavelmente retomado e conservado em seu começo, em suma, um *movimento infinito* que não para de continuar e de se cumprir sem jamais findar. Tal movimento é dotado de uma velocidade absoluta, infinita, que não se confunde com as velocidades relativas dos meios, mas coincide igualmente com uma lentidão infinita, conforme o tempo vazio de Aiôn (*QPh?*, 38 ss.).

Apreender o mundo ou a Natureza em sua acontecimentalidade, criar na linguagem os signos que conservam suas distinções ou singularidades (conceitos), isto é que é próprio da filosofia. A hora filosófica não é a das questões gerais mais do que a das par-

---

[NT] [Referindo-se aos estoicos, Anatole Bailly, *Dictionnaire Grec-Français*, Paris, Hachette, anota a seguinte significação idiomática de *Lekton*: "As coisas que só existem em palavra ou no pensamento, isto é, não visíveis ou não tangíveis (como o espaço e o tempo), as coisas abstratas".]

ticulares, mas a das questões singulares, que apreendem o acontecimento como tal ou as coisas como acontecimentos (*DR*, 243).¹ Um conceito não representa a realidade, não a comenta nem a explica, mas talha puros dramas no que acontece, independentemente das pessoas ou dos objetos aos quais isso acontece. Assim, Outrem, o espaço, o tempo, a matéria, o pensamento, a verdade, o possível etc., podem devir conceitos porque são tratados como acontecimentos (*QPh?*, 26, 36).

Portanto, a questão "para que serve a filosofia?" é particularmente mal colocada. A filosofia não é um discurso sobre a vida, mas uma atividade vital, uma maneira que a vida tem de se intensificar conservando suas passagens, de sentir e avaliar suas próprias divergências, suas próprias incompatibilidades — em suma, uma maneira de *devir-sujeito*, na ambiguidade e instabilidade que caracterizam a síntese disjuntiva (*QPh?*, 197). A esse respeito, nada é mais penoso do que as lamentações rancorosas concernentes à abstração dos filósofos e ao seu pouco interesse em explicar e dar um sentido ao "vivido". É que eles têm mais o que fazer, com efeito. Eles têm de viver, de devir e de viver o devir-sujeito da vida. O filósofo só pensa em função dos signos encontrados, e não se deve buscar alhures sua conexão com a época, sua presença inatual hoje. Inatual, porque ele só pensa extraindo o acontecimento no atual, experimentando a incapacidade *[111]* de agir do Idiota. E hoje, porque os signos que ele capta são emitidos pela época, e são aqueles que emergem e forçam a pensar agora (novidade). Daí a estranha conexão do filósofo com a política, tão propícia a mal-entendidos: ele, o contemplativo, o inativo, o incompetente, só concebe ação *contra-efetuadora*, só volta a ser capaz de agir a partir dos signos, a partir do seu "hábito" da época (*LS*, 21ª série). Assim, põe a ação em crise e só concebe ação em estado de crise. Ele quer ritmo na ação. O filósofo faz uma crise e não sabe fazer outra coisa, nada tem a dizer sobre o resto, e dá testemunho, em seu quase mutismo, de uma modéstia singular, gloriosa e altiva

---

¹ Sobre a conexão dessas questões com as das crianças, e sobre o "devir-criança" do filósofo, ver *MP*, 313-318; *CC*, cap. IX.

— algo como uma modéstia deleuziana. E o que é uma ação de crise, uma criação na ordem do agir, "potência social da diferença", senão uma revolução (*DR*, 269; *QPh?*, 94-97)? O filósofo não tem parecer político sobre nada, a não ser sobre a criação social que faz eco à sua, conceitual. O filósofo grita que "um povo lhe falta" (*IT*, 281-291; *QPh?*, 105). Então, quais são os signos agora? Estamos sempre entre cão e lobo, mas talvez a hora tenha chegado de nos pensar assim, pois já não acreditamos nessas significações, nessas opiniões verdadeiras que, no entanto, não paramos de invocar. Talvez seja tempo de acreditar neste mundo-aqui, mundo imanente que carrega em si a divergência e, de longe em longe, a glória transitória de um "devir-revolucionário".

A arte, por sua vez, mesmo literária, não pode ter o mesmo objeto que a filosofia. Ela conserva o acontecimento, não como sentido em conceitos, mas como sensação em perceptos e afetos (*QPh?*, cap. VII). Os textos recentes de Deleuze tornam precisa a diferença entre a literatura e a filosofia, distinguindo aí duas maneiras de trabalhar o fora da linguagem, conforme os dois polos do signo ou do acontecimento: sensação/sentido, afeto/expressável. A literatura extrai visões e audições não linguageiras que, entretanto, não existem fora da linguagem (*CC*, 9), ao passo que a filosofia destaca movimentos abstratos expressáveis que obedecem às mesmas condições. Deleuze não acredita que haja menos espírito e pensamento na arte do que na filosofia. Sentir é um pensamento que se exprime em Imagens mais do que em Expressáveis. Nos [112] dois casos: fazer com que jorre o fora e conservá-lo — uma vez dito que ele não dura, mas repete seu começo — é questão de sintaxe. Uma filosofia é *estilo* tanto quanto uma obra romanesca ou um poema, isto é, não se aloja em uma ou em várias proposições, mas nas fendas rítmicas que disjuntam as proposições, ao mesmo tempo em que as ligam. Portanto, os conceitos são ligados a temas mais do que a teses. As próprias proposições, quando separadas do movimento que as arrasta, só podem ter, como objetos, estados de coisas, mesmo abstratos. Separados do que podem, os enunciados filosóficos só podem dar a ilusão de *designar* coisas abstratas e irreais, em vez de *fazer* o movimento real abstrato dos corpos e das pessoas.

Criar, portanto, não é dar forma a uma matéria, representar o dado ou refletir sobre ele, mas *erigir* hecceidades — ritornelos, cristais de tempo — em materiais visuais, sonoros ou linguageiros (levando em conta a dupla possibilidade oferecida pela linguagem). No vocabulário de Deleuze, erigir assume o lugar de explicar ou desenvolver: "Erigir uma imagem" (*E*, 99; *IM*, 283), "erigir Figuras" (*FB-LS*, 42 — e 46: erigir uma ressonância), "erigir o acontecimento" (*QPh?*, 36, 151). É que o sentido é menos o objeto de uma atualização do que de uma *refração*, de um "nascimento contínuo e refratado" num signo segundo, criado (*PS*, 60-62). Erigir quer dizer suspender a atualização, extraindo-lhe a parte virtual (drama, movimento infinito), repetir o próprio movimento da explicação.

Será que há signos propriamente sociais? Os signos jurídicos podem pretender o estatuto de ritornelos ou de cristais? A resposta é tão precária como são frágeis e transitórios os devires sociais. Os direitos adquiridos e codificados certamente não são ritornelos ou cristais: Deleuze invoca, sobretudo, os signos da jurisprudência, quando ela não é tão somente um ato de juízes — signos criadores de direito, princípios ou regras nascidos de casos. A jurisprudência não tem a forma do juízo, pois ela "procede por singularidade, prolongamento de singularidades", em vez de subsumir o particular sob o geral. A regra já não é o que se aplica, mas o que se cria, exatamente como o conceito é dramatizado mais do que esquematizado. A jurisprudência conserva os encontros propriamente jurídicos, ela repete a emergência de problemas *[113]* no direito (*Pli*, 91; *P*, 209-210, 230 — ver também *ES*, caps. II-III; *MP*, 575-591).

Enfim, o conceito de hecceidade mostra o quanto a individualidade é necessariamente móvel, imbricativa, comunicante (*DR*, 327, 331).[1] *Comunicante* é uma palavra muito frequente em Deleuze (*LS*, 24ª série; *MP*, 46, 291, 327, 385 etc.; *IM*, 107; *FB*-

---

[1] Não se deve confundir esse emprego especial da palavra "comunicante" com o sentido corrente do termo "comunicação" — troca de informações ou de opiniões —, criticado por Deleuze desde *Proust e os signos*, justamente porque ele impede todo devir: ver *PS*, 40; *MP*, 4º platô; *QPh?*, 15, 137-139.

-*LS*, 45 etc.). Ela exprime a implicação do fora em todo fenômeno, em toda existência. A razão dessa implicação, dessa insistência do virtual no atual, foi examinada anteriormente: nada consiste, nada aparece ou se afirma, nada exerce uma força ou produz um afeto que não implique uma disjunção com outra coisa, uma coexistência virtual com aquilo de que se separa; que não implique, por conseguinte, um contágio de pontos de vista na implicação recíproca.

"Todo fator individuante [...] já é diferença, e diferença de diferença. Ele é construído sobre uma disparidade fundamental e funciona nas bordas dessa disparidade como tal. Eis por que esses fatores não param de comunicar-se entre si através dos campos de individuação, envolvendo-se uns nos outros, numa movência que altera tanto a matéria do Eu [*Moi*] quanto a forma do Eu [*Je*]. A individuação é móvel, estranhamente flexível, fortuita, desfrutando de franjas e margens, porque as intensidades que a promovem envolvem outras intensidades, são envolvidas por outras intensidades e se comunicam com todas. O indivíduo de modo algum é o indivisível; ele não para de dividir-se, mudando de natureza [...] Foi frequentemente assinalada a franja de indeterminação de que desfrutava o indivíduo, e o caráter relativo, flutuante e fluente da própria individualidade [...] Mas o erro é acreditar que essa relatividade ou essa indeterminação signifiquem algo de inacabado na individualidade, algo de interrompido na individuação. Ao contrário, elas[NT] exprimem a plena potência positiva do

---

[NT] [Em *Différence et répétition*, p. 332, Deleuze escreve "ils". Zourabichvili transcreve "elles" (elas), referindo-se, certamente, a "relatividade" e "indeterminação", a respeito das quais o texto diz que não significam tais e tais coisas, mas exprimem tal outra. Por que, então, o texto original conserva "ils" e não "elles". Para não pensarmos apenas em erro de impressão ou num erro de transcrição praticado por Zourabichvili, talvez seja melhor imaginarmos que Deleuze estava fixado na ideia de "fatores individuantes" (tema que

indivíduo como tal e a maneira pela qual ele se distingue, por natureza, de um Eu [*Je*], bem como de um eu [*moi*]. O indivíduo se distingue do Eu e do eu como a ordem intensa das implicações se distingue da ordem extensiva e qualitativa da explicação. Indeterminado, flutuante, fluente, comunicante, envolvente-envolvido, são outros tantos caracteres positivos afirmados pelo indivíduo" (*DR*, 331-332, ver igualmente 327). *[114]*

Algo só é experimentado, só consiste, no sentido forte, quando posto numa perspectiva que desloca os pontos de vista, fazendo com que eles se retomem desigualmente uns nos outros. Somos viventes, intensos e pensamos tão somente enquanto pelo menos algum outro pensa em nós. "E sempre outra cidade na cidade" (*LS*, 203): nova maneira, neobarroca ou neoleibniziana, de exprimir a potência do falso. A insistência contagiosa do outro no devir é um tema recorrente no pensamento de Deleuze: "tantos seres e coisas pensam em nós" (*LS*, 347), "todas as vozes presentes numa voz, gritaria de meninas num monólogo de Charlus", "o rumor onde colho meu nome próprio, o conjunto das vozes concordantes ou não de onde tiro minha voz" (*MP*, 101, 107 — e 49), "sempre uma voz numa outra voz" (*IT*, 218). Assim, Deleuze é levado a retomar a teoria do *discurso indireto livre*, e a defini-lo não mais como um misto empírico de direto e de indireto, que suporia sujeitos pré-constituídos, mas como uma enunciação originariamente plural, na qual se "complicam" vozes distintas, embora indiscerníveis, uma enunciação impessoal que preside à diferenciação dos sujeitos (*MP*, 97, 101, 107; *IM*, 106-111; *IT*, 194-200):

"O eu dissolvido abre-se a uma série de papéis, porque eleva uma intensidade que já compreende a diferença em si, o desigual em si, e que penetra todas as outras através dos e nos corpos múltiplos. Há sempre

comanda esse macroparágrafo de *DR*), fatores esses que "elas" (a relatividade e a indeterminação) exprimem.]

um outro sopro no meu, um outro pensamento no meu, outra posse no que possuo, mil coisas e mil seres implicados nas minhas complicações: todo verdadeiro pensamento é uma agressão. Não se trata das influências que sofremos, mas das insuflações, flutuações que *somos*, com as quais nos confundimos. Que tudo seja tão "complicado", que *Eu* seja outro, que algo de outro pense em nós numa agressão que é a do pensamento, numa multiplicação que é a dos corpos, numa violência que é a da linguagem, é esta a alegre mensagem" (*LS*, 346).

CONCLUSÃO
[115]

Propusemo-nos fazer a introdução a um pensamento cujo tema principal é o acontecimento, mostrar as razões desse tema e as grandes linhas do seu tratamento conceitual.

Acreditamos ter encontrado na articulação do *fora* (heterogeneidade, exterioridade das relações) e da *implicação* (dobra, envolvimento-desenvolvimento, complicação virtual), o motor abstrato do pensamento deleuziano. No cruzamento desses dois temas elabora-se a maior parte dos conceitos.

O problema geral, cujas condições são desenvolvidas pela lógica do acontecimento, é o da *imanência*: crer neste mundo-aqui, isto é, num mundo que contém a divergência, a heterogeneidade, a incompossibilidade. A que se assemelha uma filosofia que não se contenta em recusar verbalmente a transcendência e o dualismo, mas que — forjando os conceitos apropriados — procede efetivamente à sua destituição? A filosofia de Deleuze é um *monopluralismo dual*. A distinção real-formal (diferença de natureza) se estabelece duas vezes, entre as dimensões do tempo, entre o tempo-sentido e o corpo. Mas ela nunca é numérica, de modo que o múltiplo não se resolve num Uno (multiplicidade), ao passo que o tempo-sentido e o corpo jamais formam um dualismo (imanência recíproca). O nervo dessa resposta é o destaque da categoria de *acontecimento*: consistência do virtual, exterioridade das relações, identidade final do fora, do sentido e do tempo. *[116]*

Cabe ao leitor decidir se *nosso problema* é bem esse, se é bem isso que está hoje em questão na existência e no pensamento, e se a maneira de tratá-lo é essa.

Certos aspectos importantes do pensamento de Deleuze foram involuntariamente negligenciados por não termos sabido integrá-

-los nesta apresentação, em particular os conceitos de terra-território, de rizoma e de linhas. Buscamos destacar, principalmente, os movimentos lógicos de uma obra que nos parece ser uma das mais importantes e das mais potentes do século XX, temendo apenas termos exagerado um pouco nas citações ou mesmo coagulado passagens, tornado confusa por vontade de clarificação, uma obra todavia tão "distinto-obscura".

ÍNDICE REMISSIVO

As páginas indicadas são as que constam entre colchetes ao longo do texto; elas correspondem, portanto, à paginação da edição francesa original (Paris, PUF, 2004). O índice inclui também termos usados para sugerir tendências ("ceticismo", "ecletismo", "empirismo" etc.), bem como nomes citados nas notas do tradutor.

Anglo-saxões, 7
Antonioni, Michelangelo (1912-2007), 38
Artaud, Antonin (1896-1948), 26nt, 61, 62, 67
Bacon, Francis (1909-1992), 45
Beckett, Samuel (1906-1989), 5, 5nt
Bergson, Henri-Louis (1859-1941), 6, 14, 72, 74, 75, 90
Blanchot, Maurice (1907-2003), 62n1, 62nt
Borges, Jorge Luis, 103
Ceticismo, 22, 52
Châtelet, François (1925-1985), 100n1
Chestov, Léon (1866-1938), 26nt
Crisipo (280-200 a.C.), 27
Derrida, Jacques (1930-2004), 7
Descartes, René (1596-1650), 16, 21, 52, 102nt
Duns Escoto, João (1265-1308), 8, 106, 107, 107nt
Ecletismo, 52
Empirismo, 16, 38, 66, 70

Espinosa, Benedicto de (1632-1677), 8, 8n3, 14, 16, 23, 27, 30n1, 39, 44, 52
Estoicismo, 87, 109, 109nt
Fellini, Federico (1920-1993), 100
Fenomenologia, 6, 8, 10, 10n1, 22
Fink, Eugen (1905-1975), 8
Foucault, Michel (1926-1984), 7, 46, 46n1
Goclenius, Rudolf (1549-1628), 8nt
Green, André (1927-2012), 49nt
Guattari, Félix (1930-1992), 5, 49nt
Hegel, Georg Wilhelm Friedrich (1770-1831), 22, 26, 33, 54, 55, 57, 58, 60, 85
Heidegger, Martin (1889-1976), 6, 8, 9, 9n1, 10, 12, 22, 26, 26nt, 30
Hume, David (1711-1776), 9, 27, 33
Husserl, Edmund (1859-1938), 8, 10n1, 48
Kant, Immanuel (1724-1804), 6, 8, 10n1, 47n1, 48, 108

Klossowski, Pierre (1905-2001), *8n5*
Leibniz, Gottfried Wilhelm (1646-1716), *44, 56, 60, 77, 96, 103, 105, 107nt, 114*
Lorca, Federico García (1898-1936), *108, 108nt*
Lucrécio Caro, Tito (96-55 a.C.), *27*
Malebranche, Nicolas de (1638-1715), *22*
Marx, Karl (1818-1883), *11nt*
Melville, Herman (1819-1891), *103*
Merleau-Ponty, Maurice (1908-1961), *6, 12*
Nietzsche, Friedrich (1844-1900), *6, 8, 12, 14, 16, 18, 26nt, 33, 42, 43, 47, 51, 54, 55, 56, 57, 63, 74, 80*
Ophuls, Max (1902-1957), *100*
Perspectivismo, *39, 56, 58, 82, 83, 94, 97, 99, 103, 105, 114*
Perrault, Pierre (1927-1999), *14*
Platão (428-347 a.C.), *16, 27, 59*
Prado Jr., Bento (1937-2007), *91nt*
Proust, Marcel (1871-1922), *14, 61, 63, 92*
Relativismo, *24, 39, 40, 41, 55, 56, 56n1, 63, 64, 65, 74, 75, 85, 94, 97, 98, 101, 105, 108, 110, 113, 113nt*
Renoir, Jean (1894-1979), *100*
Resnais, Alain (1922-2014), *77, 103*
Rimbaud, Arthur (1854-1891), *11nt*
Robbe-Grillet, Alain (1922-2008), *103*
Simondon, Gilbert (1924-1989), *96nt*
Socrático, *34, 53*
Subjetivismo, *24*
Ure, Andrew (1778-1858), *11nt*
Visconti, Luchino (1906-1976), *100*
Welles, Orson (1915-1985), *77, 103*
Wittgenstein, Ludwig (1889-1951), *30*

ÍNDICE DAS MATÉRIAS

Abreviações *[4]*

Introdução inédita (2004): O ontológico e o transcendental *[5]*

Prólogo *[13]*

Capítulo I. O pensamento e seu fora
(crítica da imagem dogmática) *[15]*
 Querer *[17]*; Reconhecer *[18]*; Fundar *[21]*; Nota sobre
 o acontecimento, o fim, a história *[24]*

Capítulo II. Encontro, signo, afeto *[28]*
 Besteira, sentido, problema *[30]*; Heterogeneidade *[38]*; Signo 1:
 pontos de vista e forças *[40]*; Campo transcendental, plano de
 imanência *[46]*

Capítulo III. Imanência *[50]*
 Crítica do negativo: o falso problema *[50]*; Decepção e fadiga *[60]*;
 "Nosso" problema *[64]*

Capítulo IV. Tempo e implicação *[69]*
 Hábito, devir, acaso *[69]*; A heterogeneidade do tempo *[74]*;
 A multiplicidade: diferença e repetição *[78]*; Aiôn e Cronos *[85]*

Capítulo V. Devir *[89]*
 Signo 2: hábito, díspar, singularidade *[90]*; Síntese disjuntiva
 e diferença ética *[98]*; Ritornelo, hecceidade, discurso indireto livre
 [106]

Conclusão *[115]*

SOBRE O AUTOR

O filósofo e ensaísta François Zourabichvili nasceu em 1965, filho do compositor Nicolas Zourabichvili e neto de um intelectual de origem georgiana radicado na França. Obteve o título de doutor em filosofia em 1999 com uma tese sobre Espinosa, *L'idée de transformation dans la philosophie de Spinoza*, tendo como orientadora Rose Goetz. Lecionou no ensino secundário de 1988 a 2001, foi catedrático da Université Paul-Valéry Montpellier 3, diretor do programa do Collège International de Philosophie, em Paris — cargo que exerceu de 1998 a 2004 —, e membro do Centre International d'Études de la Philosophie Française Contemporaine, dirigido por Frédéric Worms. A vida de Zourabichvili, embora breve, foi marcada pela extrema dedicação ao estudo e ao ensino. Faleceu a 19 de abril de 2006.

Destacou-se particularmente com seus estudos sobre as filosofias de Espinosa e Gilles Deleuze, conforme demonstram seus livros: *Deleuze: une philosophie de l'événement* (PUF, 1994; 2ª ed., 1997), *Spinoza: une physique de la pensée* (PUF, 2002), *Le conservatisme paradoxal de Spinoza: enfance et royauté* (PUF, 2002) e *Le vocabulaire de Deleuze* (Ellipses, 2002). Foi autor ainda de inúmeros artigos, entre eles: "Spinoza, le vulgus et la psychologie sociale" (1992), "L'identité individuelle chez Spinoza" (1994), "Le spinozisme spectral d'Anton Tchekhov" (1998), "La langue de l'entendement infini" (2002), "La consistenza del concetto di scienza intuitiva" (2003), além de outros como "Deleuze et le possible: de l'involontarisme en politique" (1998), "Leibniz et la barbarie" (2005), "Chateaubriand, la révolution et son témoin" (2004) e "Kant avec Masoch" (2006). Outro eixo das pesquisas de François Zourabichvili, ligado à estética, aparece no livro póstumo *La littéralité et autres essais sur l'art* (PUF, 2011), reunião de ensaios apresentados por Anne Sauvagnargues.

Este livro foi composto em Sabon,
pela Bracher & Malta, com CTP da
New Print e impressão da Graphium
em papel Pólen Soft 80 g/m² da Cia.
Suzano de Papel e Celulose para a
Editora 34, em julho de 2020.

SOBRE O TRADUTOR

Luiz B. L. Orlandi nasceu em Jurupema, antiga Jurema, interior do estado de São Paulo, em 1936. Graduou-se em Pedagogia pela Faculdade de Filosofia, Ciências e Letras de Araraquara no ano de 1964, cursando em seguida Pós-Graduação em Filosofia na Universidade de São Paulo. Em 1968 tornou-se professor do Departamento de Filosofia da Universidade Estadual de Campinas e, graças a uma bolsa de estudos da FAPESP, transferiu-se para a França, onde obteve os certificados de Estudos Superiores em Linguística Francesa (1969) e Estilística Literária do Francês (1970) pela Universidade de Besançon, a mesma na qual licenciou-se em Letras e defendeu sua dissertação de mestrado sobre a poética de Tzvetan Todorov, redigida em Paris enquanto seguia os cursos do linguista Oswald Ducrot na École Pratique des Hautes Études.

De volta ao Brasil, tornou-se doutor em Filosofia pela Unicamp, em 1974, com um estudo sobre o problema da linguagem na obra de Maurice Merleau-Ponty, mais tarde publicado em livro (*A voz do intervalo*, Ática, 1980). Foi diretor do Instituto de Filosofia e Ciências Humanas da Unicamp (1984-89) e chefe do Departamento de Filosofia (1990-92), sendo atualmente professor titular desse departamento e também professor do Núcleo de Estudos da Subjetividade da Pontifícia Universidade Católica de São Paulo. É autor também de *Falares de malquerença* (Unicamp, 1983), *A diferença* (organização, Unicamp, 2005) e *Arrastões na imanência* (Phi, 2018).

A partir da década de 80 passa a se dedicar regularmente à tradução, atividade que mantém em paralelo com as de professor e ensaísta. Da obra de Gilles Deleuze — da qual é um dos grandes intérpretes no Brasil — traduziu *Diferença e repetição* (com Roberto Machado, Graal, 1988), *A dobra: Leibniz e o barroco* (Papirus, 1991), *Bergsonismo* (Editora 34, 1999), *Empirismo e subjetividade* (Editora 34, 2001) e *Cartas e outros textos* (n-1 edições, 2018), além de *A ilha deserta e outros textos* (Iluminuras, 2006) e *Espinosa e o problema da expressão* (Editora 34, 2017), como coordenador da tradução coletiva. Traduziu ainda *O anti-Édipo*, de Gilles Deleuze e Félix Guattari (Editora 34, 2010), e *Deleuze: uma filosofia do acontecimento*, de François Zourabichvili (Editora 34, 2016).